JN074232

実践 Q&A
KPIマネジメントのはなし

吉田栄介〔著〕

Key
Performance
Indicators

中央経済社

はじめに

　KPI（Key Performance Indicators：重要業績指標）を通じて，企業経営を考える。本書のねらいを一文で表すと，こうなります。

　マネジメントについて学ぼうと考えているビジネス・パーソンや学生など，組織の形態（営利企業，非営利組織）や規模を問わず，その設計・運用（企業経営）に関心をお持ちのすべての人に読んでいただきたいと思っています。

　本書を通じて，KPIの視点が企業経営の根幹であることがご理解いただけると思います。KPIを決めて「見える化」して，PDCAサイクルを回す。KPIマネジメントの基本はシンプルですが，いざ実践するとなると，多くの壁が立ちはだかります。

　私は，管理会計（経営会計）の研究者として，製造業，非製造業を問わず，多業種にわたる数百社の企業や地方自治体，病院，学校など様々な組織の調査・研究・アドバイスをしてきました。

　そうした活動の集大成として，本書は，「コスト」を通じて企業経営を考える『実践Q&A　コストダウンのはなし』（2021年，中央経済社）の姉妹書に位置づけています。この2冊で，組織マネジメント（経営会計）の2大領域（業績管理と原価管理）の多くの部分をカバーしています。さらに，『実践経営会計』（2021年，中央経済社）を合わせて，私としての実践書シリーズ3部作と考えています。

　本書の構成は，3部構成になっています。

　第Ⅰ部「KPIマネジメントの3要素」では，「基本的な考え方」（第1章），「組織体制の整備と運用」（第2章），「KPIの設定：基礎」（第3章）の3要素について解説します。KPIを通じて企業経営を考えるために，KPIマネジメントの

基本的な考え方を理解すること，適切な組織体制（組織構造，責任・権限関係，戦略・計画とPDCAマネジメントの関係）の整備と運用，基礎的な財務・非財務KPIの設定（種類，水準）について知ることが重要になります。

　第Ⅱ部「KPIマネジメントの実践」では，「KPIの設定：応用」（第4章）と「BSCによるKPIマネジメント」（第5章）について解説します。より具体的なKPIマネジメントのノウハウについて，財務KPIとESG経営に関わる非財務KPIについての解説や利用実態を紹介し，KPIマネジメントが注目されるきっかけにもなったBSC（Balanced Scorecard）によるKPIマネジメントについての事例や方針管理との関係なども含めて解説します。

　第Ⅲ部「KPIマネジメントの最前線」では，BSC以外のKPIマネジメントの取り組みについて解説します。ROIC経営（オムロン㈱），EVA®経営（花王㈱），KPI活用の失敗事例（カルビー㈱），アメーバ経営，宿泊業のイールド・マネジメントと反例など，様々な企業実践を紹介します。また，KPIマネジメントの留意点と財務・非財務KPIに基づく業績評価の実態についても説明します。

　本書は，学生からビジネス・パーソンの方々まで，幅広い読者層を想定しています。気軽な読み物としても，実務書としても，教科書としてもご活用いただけると思います。また，Q&A形式の構成ですので，始めからでなくても，どこからでも好きなところからお読みください。

　それでは，KPIマネジメントを理解して，企業経営を知る旅に出かけましょう。

2021年10月

吉　田　栄　介

CONTENTS

第Ⅱ部　KPIマネジメントの実践

第Ⅲ部 KPIマネジメントの最前線

第Ⅰ部

KPIマネジメントの3要素

第 1 章

基本的な考え方

Q1 KPIとは？

KPIって何ですか？ 「いまさら」のような気もしますが，教えてください。

A

いえいえ「いまさら」ということはありません。会社の中で当たり前に使っていた言葉が，部署や人によって違う意味で使われていて，話がかみ合わなかったという経験はあると思います。

KPI（Key Performance Indicators：重要業績指標）の起源は，20世紀初めの米国の化学メーカー デュポン社（DuPont de Nemours, Inc.）が開発したデュポン公式（DuPont Analysis）であるとされています。デュポン公式は，ROE（Return on Equity：自己資本利益率）を，①収益性（売上高利益率＝当期純利益÷売上高），②資産効率性（総資産回転率＝売上高÷総資産），③財政状態（財務レバレッジ＝総資産÷自己資本）の3要素に分解する公式です。

1990年代後半以降，BSC（Balanced Scorecard）が開発され，広く知られるようになるにつれて，KPIという用語も多くの企業で使われるようになってきました（➡ 第5章）。

BSCにおけるKPIのように位置づけが明確なものもありますが，KPIには類似語も多く，企業によって多様な意味でKPIという用語が使われています。類似語の一例を挙げてみると，KSF（Key Success Factors：重要成功要因），CSF（Critical Success Factors：主要成功要因），CPV（Critical Performance Variables：重要業績変数），KGI（Key Goal Indicators：重要目標指標）などです。

KPIは，これらの類似語も含めて，プロセス指標（先行指標）なのか結果指標（遅行指標）なのか，戦略的目標なのか日常的目標なのかによって，位置づ

けが異なってきます。

　結果指標とは組織としての到達目標を定めるのに対して，プロセス指標は組織目標の達成に向けた行動を促す行動目標を定めます。例えば，「新規顧客接客時間」というプロセス指標（先行指標）を毎月管理し，接客時間の向上を図る行動を促すことで，半期や年度の結果指標として「顧客満足度」や「売上高」が向上するといった関係です。

　また，日常的目標とは，日常業務管理のための目標（指標）で，日常業務の範囲において，通常通りに業務をすれば達成可能な水準に設定されます。それに対して，戦略的目標とは，日常業務の範囲を越える挑戦的業務について，目標水準も少し高いハードルを設定します。例えば，「地域シェア1位」という戦略的目標を掲げることで，これまでの業務の繰り返しではなく，挑戦的な行動を促す意図があります。もちろん，たやすく達成できない目標ですので，業績評価においては，目標の難易度を理解した上での運用が必要になります。

　つまり，多様な意味で使われるKPIですが，組織の（1年から数年先の）最終目標や組織成員の行動をそこに向けるための部分目標（プロセス目標）を掲げたものと言えそうです。また，BSCの登場以降は，期末の成果測定というよりも，将来の企業価値向上に向けた組織成員の行動の方向性を示す役割が強調されます。

● KPI（Key Performance Indicators：重要業績指標）とは ●
・組織の（1年から数年先の）最終目標や組織成員の行動をそこに向けるための部分目標（プロセス目標）を掲げたもの
・近年では，期末の成果測定よりも，将来の企業価値向上に向けた組織成員の行動の方向性を示す役割が強調される

　このように様々なタイプのKPIがありますが，KPIと呼べるものであるためには，いくつかの要件があります。

　第1に，定量的に測定できることです。目標と結果を数値で表すことのでき

る指標を設定することが大切です。例えば，定性的と思われてきた「顧客満足度」という指標も，アンケートをとって点数化したり，「現場改善度」という指標も，改善提案数を測定したり，改善効果を時間や消費量を測定したりすることで定量化できます。

　一般的に，指標は，定性→定量→会計の順に，目標としての有用性は増します。例えば，「環境に優しい経営を目指す」という定性目標よりも，「CO_2排出量○万トン削減」や「CO_2排出削減率○％」という定量目標のほうが，目標が明確ですね。企業の枠を越えますが，炭素に値段をつける炭素税や排出権取引といったカーボン・プライシング（carbon pricing）は，さらに進んで金額表示されますので，目標設定されれば最も直接的な表現になります。

　第2に，重要な指標を絞り込むことです。KPIは，単なるPI（Performance Indicators：業績目標）ではなく「重要（key）」なものに限定する必要があります。目標となる指標が多過ぎると，どの目標を重視すべきかが不明確になり，組織成員の意識・行動を組織目標に合わせる目標整合性（goal congruence）の観点や業績評価基準としても，適切とは言えなくなります。欲張らずに，真にKPIと呼べる指標に絞り込みましょう（➡ Q&A 28）。

　第3に，部分最適に陥らないことです。これは，全社的な指標ではなく，地域や支社・支店，部署などのセグメントごとにKPIを設定する際の注意点です。

　例えば，製造部門のKPIとして「生産量○％向上」と設定してしまうのは，よくありません。販売動向にかかわらず，生産量だけを追求してしまうと，大量の不良在庫が発生しかねないからです。営業部門の「販売額○％向上」も同様です。期末の押し込み営業や不正行為すら助長しかねません。

　これらのKPIよりも，結果として，健全な形で生産量が増えたり，販売量が増えたりする「生産効率」や「顧客満足度」といったKPIのほうがよいでしょう。

```
● KPIの5つの要件 ●
（1）　定量的に測定できる
（2）　重要な指標を絞り込む
（3）　部分最適に陥らない
（4）　担当者が理解しやすい
（5）　責任者を置く
```

　第4に，担当者が理解しやすいことです。KPIは，全社目標からセグメント別の目標にまで，組織階層を上位から下位へ，樹形図のように分解・翻訳（カスケード・ダウン：cascade down）されていきます。マネジャーや組織成員にとって，自分の仕事に関わるKPIが分かりやすく，自身の仕事と関わりが深いことが重要です。

　例えば，EVA®（Economic Value Added：経済的付加価値）などの株主価値モデルは，カスケード・ダウンが難しく，多くの企業が挫折してきましたが，花王㈱やパナソニック㈱，麒麟麦酒㈱などでは上手くマネジメントしています（➡ Q&A 11，14，23，27）。また，オムロン㈱のROIC（Return on Invested Capital）経営も，カスケード・ダウンに工夫があります（➡ Q&A 26）。一方，アメーバ経営では，カスケード・ダウンではなく，現場にとって理解容易な指標（時間当り採算）を積み上げる発想です（➡ Q&A 29）。

　第5に，責任者を置くことです。KPIには責任者（担当マネジャー）を決める必要があります。結果について説明できる責任者のいない業績目標は考えられません。担当マネジャーは，目標達成活動のためのPDCA（Plan-Do-Check-Action）サイクルをマネジメントし，目標未達の場合には，その原因を把握・説明し，次に打つべき対策を提案する「説明責任」を負っているのです。

Q2 KPIマネジメントの 7 つの原則

　KPIマネジメントにおいて，守るべき原則のようなものは
ありますか？

A

　KPIマネジメントは，KPIを設定してPDCA（Plan-Do-Check-Action）のサイ
クルを回す，企業経営における基本的なマネジメント・スタイルです。

　KPIマネジメントのためには，以下に挙げる 7 つの原則が重要です。

第 1 原則：業務の見える化

　測定なくしてマネジメントはできません。

　まずは，現状がどうなっているのかを把握することが出発点です。そのため
には，業務の状況を定性情報ではなく定量情報で把握する必要があります。

　例えば，「お客様の感触は良かったです」という定性情報ではなく，「（商談，
見積，受注の 3 段階のうち第 2 段階の）見積提示に至りました」という定量情報
のほうが，営業部門全体として，業務進捗状況がより把握できます。つまり，
この例のように，定性的にしか捕捉できないと思われる事柄も，少しの工夫で
定量化できることも多いです。

　何より，測定できないものは，進捗状況が把握できないため，マネジメント
することはできません。

　KPIマネジメントでは，特に重要な管理指標を設定して，業務の進捗状況を
マネジメントします。その際，マネジャーは，定期的に報告されるKPIをモニ
タリングすることで業務状況を把握し，必要に応じて担当者とコミュニケー
ションをとり，適時・適切なアドバイス・指示を出すことが大切になります。

第2原則：説明責任の明確化

結果の説明責任の所在を明確に！

すべてのKPIには担当するマネジャーを決めてください。結果について説明できる担当マネジャーのいない業務目標は考えられません。

ただし，「責任」とは達成できなければ罰を与えるという類いのものではありません。マネジャーは，目標達成活動のためのPDCA（Plan-Do-Check-Action）サイクルをマネジメントし，目標未達の場合には，その原因を説明し，次に打つべき対策を提案する「説明責任」を負っているのです。

もちろん，組織階層が上がるにつれて，権限も大きくなる分，結果責任も重くなります。そのため，日本ではあまり見かけませんが，再挑戦できる仕組みがあれば，より低い職位への降格人事という施策もありえます。

第3原則：納得感を高める公正な評価

評価は公正に！

「正直者が馬鹿を見る」と思われる評価ではいけません。KPI目標の数字合わせに走るのではなく，企業価値の向上に貢献する仕事がきちんと評価されるべきです。実践するのは難しいかもしれませんが，公正で納得感を高める業績評価・個人評価のあり方を追求し続ける必要があります。

答えはひとつではありません。自社ではどのような仕事が評価されるのかを，従業員に明確に伝えることで，会社と個人との認識のずれも狭まります。どのような仕事ぶりが評価されるのかは，経営者から従業員への重要なメッセージであることを忘れないでください。

評価と言えば，業績評価だけでなく，人事評価もあります。職務を規定し，等級制度を整備し，目標管理制度などを通じて査定し，賃金や昇進・昇格の判断に用いられます。

日本企業では，かつては人事評価が中心で，KPIに基づく業績評価は1990年代以降の取り組みです。1990年代に日本企業でも導入が始まった成果主義は，2000年代以降，あまり差をつけ過ぎない穏健な日本型成果主義として定着して

きたように思われます。

　日本企業の進むべき道はひとつではありません。世界的に人材獲得競争を展開するグローバル企業では，海外拠点も含めたグループ統一の人事評価・業績評価・報酬制度の統合を志向すべきでしょう。一方，国内や地域に根づいた企業であれば，評価と賃金・昇進のあり方だけでなく，柔軟できめの細かい人事制度のもと，働きやすさを徹底的に追求することで，優秀な人材を獲得・維持する道もあります。

第4原則：モチベーションを高める報酬

　誰しも，褒められたり感謝されたりすれば嬉しい！

　年功序列賃金は，がんばっていれば賃金が上がり，先輩から仕事を教わりチームで仕事をするモノづくりの現場では，一定の役割を果たしてきました。しかし，今日では「悪平等」と受け止められることもあり，優秀な技術者や若者の納得を得ることはできません。

　そこで，日本企業でも成果主義的要素を入れながら，金銭的報酬のあり方は少しずつ変わってきています。それでも，グローバル企業にとって世界的な人材獲得競争において十分な条件提示ができる水準にあるとは言えず，さらなる改革が求められています。

　報酬については，こうした金銭的報酬だけでなく，非金銭的報酬も大切です。希望する仕事ができることや少し挑戦的な目標を掲げることで，貴重な経験を得ることができ，仕事の達成感が高まります。

　表彰制度なども含め，こうした心理的報酬をマネジャーの方々は意識的に活用してください。誰しも，褒められたり感謝されたりすれば嬉しいのです。KPIに基づく評価・報酬制度の設計・運用に加え，現場を預かるマネジャーの心持ちひとつで，メンバーのモチベーションを高めることはできます。

　また，日本企業では，国内に留まらず，転職の多いアジア地域も含めて，教育制度が充実しています。教育は将来への投資であるだけでなく，非金銭的報酬でもあります。

　アジア地域では，育てたら他社に移ってしまうという嘆き節もよく聞かれますが，少なくとも，公正な評価（第3原則）を実現し，優秀な人材には，将来の現地マネジャー候補生として，計画的に業務経験を積んでもらうキャリアパスを提示する必要があります。

　公正な評価とキャリアパスの提示は，海外拠点における現地採用者に限った話ではありません。従業員の納得感やモチベーションを高める非金銭的報酬の活用に積極的に取り組んでください。

第5原則：短・小・易の仕組みづくり

　短・小・易を心がける！

　適切な「短い期間」，「小さな組織単位」で，現場の方に「理解容易な指標」を設定することがKPIマネジメント成功の近道です。

　期間について，有望なKPIを設定しても測定期間が長過ぎれば，PDCAサイクルを回す回数が限られます。一般的には，年度目標の達成を目指して，月次のKPI目標をマネジメントする企業が多いかと思います。1カ月という期間がマネジメントサイクルとして適切であれば問題ありませんが，より短いサイクルでのマネジメント（問題発見と是正措置）が必要であるならば，週次や日次のマネジメントもありえます。

　組織単位について，KPIを設定する組織単位が大き過ぎれば，組織成員各自の業務とKPI目標との距離ができてしまいますし，自身の目標と感じられずに人ごとのように受け止める人も出てきます。小さな組織単位で責任を自覚して仕事をすることで，経営者マインドも醸成されます。

　指標の理解容易性について，現場の方にも分かりやすいKPIを設定することも大切です（KPIの第4の要件）。自分の仕事の成果と掲げられたKPIとの関連性はもちろんのこと，全社的目標との関連性も示されたものであれば，さらによいでしょう（➡ Q&A 1）。

第6原則：任せる経営

　権限を委譲し，任せる経営の実践を！

　組織が成長し，組織成員が100人から150人を超えてくると，組織のトップ（社長）一人ですべてを切り盛りすることはできなくなってきます。そこで，部下に権限委譲して，経営機能の一部を任せる必要が出てきます。

　組織のトップに限らず，マネジャーに昇進すれば，いつまでもプレイヤーではいられません。マネジャーとして部下の仕事ぶりに目を配り，上司や他部門との調整，自部門の戦略・戦術の立案や業務進捗の管理など，マネジメント業務の担い手となります。

　そこで，部下に任せられる仕事は手放していく必要が出てきます。部下に業務の一部を任せることで，マネジャーは本来注力すべき業務に時間を充てることができますし，任された部下にとっても，経験を積み，成長するチャンスとなります。

　その際に，「任せて任せきりにしない」ことも重要です。「任せた」後も，部下からの「報・連・相（報告，連絡，相談）」は欠かさないようにして，コミュニケーションとフォローアップを心がけることが大切です。

　KPIは，多角化した事業や，多層化した組織の状況を把握するためのセンサーであり，適切なKPIマネジメントを通じて，任せる経営を実現することができます。

第7原則：顧客価値の創造

　顧客価値を創造する業務に注力を！

　顧客とは，社外の顧客だけを指すのではなく，社内の他部門や他者を含みます。まずは，業務が社外顧客の価値を生み出しているのかを判断する必要があります。顧客の要望を聞き，顧客に提供するサービスや商品を作り込む業務は，顧客価値を創造する業務と言えます。一方，社内の業務分担を調整するための会議などは，直接的な顧客価値を創造しているとは言えません。

● KPIマネジメントの7つの原則 ●

第1原則：業務の見える化

　　測定なくしてマネジメントはできない！

第2原則：説明責任の明確化

　　結果の説明責任の所在を明確に！

第3原則：納得感を高める公正な評価

　　評価は公正に！

第4原則：モチベーションを高める報酬

　　誰しも，褒められたり感謝されたりすれば嬉しい！

第5原則：短・小・易の仕組みづくり

　　短・小・易を心がける！

第6原則：任せる経営

　　権限を委譲し，任せる経営の実践を！

第7原則：顧客価値の創造

　　顧客価値を創造する活動に注力を！

　もちろん，社内顧客のための必要な連携もあります。営業部門と製造部門，物流部門などが連携し情報共有・問題解決を図ることは，他部門という社内顧客との価値創造活動を通じて，社外顧客の価値を創造することに繋がります。

　避けなくてはいけないのが，現場の仕事を増やすだけの「管理のための管理」です。社内の伝統や慣習の中には，現状の仕事の仕方とは合わなくなってしまったものも存在するはずです。社内会議資料の完成度の過度の追求や，決議事項と懇談事項の区別が曖昧な会議など，顧客価値をもたらさないムダな業務はたくさんあります。

　また，多くの業務を抱えがちなマネジャー自身も，すべてを担うのではなく，効率的に重要な業務のみに注力することがマネジメントの基本です（例外管理の原則）。

Q3　KPIフレームワーク

たくさんのKPIがあると思いますが，分類軸のようなもの
はあるのでしょうか？

A

はい。KPIにはいくつかの分類軸があります。（1）財務指標と非財務指標，
財務指標はさらにP/L，B/S，C/F，資本効率の4指標に分類できます。また，
（2）先行指標と遅行指標，（3）組織階層，（4）ステークホルダー（利害関
係者），（5）期間の観点からも分類できます。

```
●KPIの分類●
（1）財務指標と非財務指標
（2）先行指標と遅行指標
（3）組織階層
（4）ステークホルダー（利害関係者）
（5）期間
```

（1）財務指標と非財務指標

KPIには，財務指標と非財務（定量）指標があります。財務指標は，P/L（損
益計算書），B/S（貸借対照表），C/F（キャッシュフロー計算書）の財務三表の項
目をそのまま用いた金額表記のもの（売上高，総資産額，営業キャッシュフロー
など）から，それらの項目を組み合わせた比率（％；売上高営業利益率，ROE
（Return on Equity：自己資本利益率），自己資本比率など），回数（期間）（回（日）；
売上債権回転率（回転期間），棚卸資産回転率（回転期間）など），倍率（倍）（D/E

レシオ（Dept Equity Ratio：負債資本倍率），株価キャッシュフロー倍率（PCFR：Price Cash Flow Ratio），EV/EBITDA倍率（Enterprise Value：事業価値，Earning before Interest, Taxes, Depreciation and Amortization：支払利息・税金・減価償却控除前利益））などがあります（➡ **Q&A 9, 10, 11**）。

　財務指標は，歴史的に，P/L指標からB/S，C/F，資本効率指標へと発展する4つの段階があります。

　日本企業は高度経済成長期以降，売上高を中心としたP/L重視の経営を行ってきました（KPI例：売上高，売上高営業利益率など）。株式市場よりも銀行からの借入金を原資としてきた日本企業の特徴として，銀行への借金返済の必要性から，企業の安全性を測るための指標としてB/S指標への注目が増してきました（KPI例：自己資本比率，D/Eレシオなど）。その後，発生主義会計（現金の移動にかかわらず，支出・収入の発生が確定した時点で金額を計上）の限界からキャッシュフロー重視の経営へと転換する機会が幾度かありました（KPI例：フリー・キャッシュフロー，営業キャッシュフローなど）。今日では，株式市場の成熟とともに，資本効率を重視する経営（ROE，ROIC（Return on Invested Capital：投下資本利益率），配当性向，総還元性向など）へと発展してきています（➡ **Q&A 26**）。

```
● KPIの分類（1）　財務指標と非財務指標 ●
【財務指標】
　・財務三表（P/L，B/S，C/F）項目とその組み合わせ
【非財務指標】
　・定量指標
　・業務プロセス・顧客関連からESG，SDGsまで
```

　非財務指標は，KPIマネジメントにおいては，財務指標以外の定量的指標を指します。例えば，製造部門では生産性指標（労働生産性，設備稼働率など）や品質管理指標（欠陥品率，手直し件数），顧客関連の指標としては顧客満足度や

市場シェア，ESG（環境（Environment），社会（Social），企業統治（Governance））
経営の観点からは，CO_2排出量や女性管理職比率など，様々な指標があります
（➡ Q&A 19, 20）。

　非財務指標については，定性的な対象であっても，工夫次第で定量化は可能
です。つまり，具体的な施策を掲げ，施策の実施や成果を数値で測定できる目
標に転換します。例えば，「若手社員と経営層の対話の充実を図る」という定
性目標は，「社長と語る会の開催」という具体的な施策を掲げ，「年に2回実施」
や「1年以内に若手社員60%以上の参加」という定量目標化します。

（2）　先行指標と遅行指標

　KPIは，先行指標と遅行指標にも分けられます。先行指標とは，組織のプロ
セス目標であり，最終的な組織目標を達成するための日常的な行動指針を指標
化したものです。一方，遅行指標とは，組織の結果目標であり，最終的な組織
目標を掲げたものです。

　例えば，「既存顧客への来訪回数」という先行指標を月次管理することで，「顧
客満足度」という遅行指標の年度目標の達成を目指します。

　先行指標と遅行指標との間だけでなく，先行指標間や遅行指標間でも順序が
あります。例えば，「顧客満足度」の向上が「売上・利益」の増加やさらには「企
業価値」の向上へ繋がる関係性が想定できます。

● KPIの分類（2）　先行指標と遅行指標 ●

【先行指標】
　・組織のプロセス目標
　・最終的な組織目標を達成するための日常的な行動指針を指標化
【遅行指標】
　・組織の結果目標
　・最終的な組織目標を掲げたもの

（3）　組織階層

　KPIは，企業レベル（経営層）から現場レベルまで，組織階層に応じた異なる視点から設定されます。企業レベルのKPIでは，売上高や営業利益率といったKPIだけでなく，株主の視点に近い企業価値や資本効率に関するKPIも設定されます。例えば，EVA® （Economic Value Added：経済的付加価値）やROICなどです（➡ Q&A 14，26，27）。

　事業レベルのKPIは，事業単位の責任・権限の大きさによって異なってきます（➡ Q&A 6）。投資権限などのより大きな権限を持っていれば，企業レベルと同等の（事業価値評価のための）KPIが設定されるでしょうし，権限が限定的なものであれば，部門レベルに近い（事業業績評価のための）KPIの設定になることもあります。

　部門レベルのKPIは，部門の役割分担に応じた（部門業績評価のための）KPIが設定されます。部門長の管理可能範囲の中で，現場に分かりやすく，各部門の部分最適に陥らず，全体最適に繋がるようなKPIを設定する必要があります。

　実際に，企業レベルのKPIの一部を事業レベルのKPIと共通化したり，企業レベルから事業レベル，部門レベルへと樹形図のように分解・翻訳（カスケード・ダウン：cascade down）したりするなど，様々な取り組みがあります（➡ Q&A 23，26）。

```
●KPIの分類（３）　組織階層●
【企業レベルKPI】
　・企業価値向上や株主の視点
【事業レベルKPI】
　・事業業績評価
【部門レベルKPI】
　・部門業績評価
```

（4）　ステークホルダー（利害関係者）

　顧客，社員，地域社会，株主などのステークホルダー（利害関係者）の視点からも，KPIは設定されます。

　顧客の視点からは，例えば，顧客満足度，市場占有率，新規顧客獲得率などのKPIが設定されます。株主の視点からは，EVA®やROIC，配当性向など，企業価値の向上や資本効率，株主還元などが重視されます。

　経営者や社員の視点から設定されるKPIは，製品開発リードタイム，改善提案数，生産性などの業務関連指標と，従業員1人当り教育費，女性管理職比率，IT経費率など，人材育成や組織変革，IT投資，ヘルスケアなどの職場環境関連指標とに大別されます。

　地域社会の視点も重要です。CO_2排出量や社会貢献活動への参加人数など，ESG経営やSDGs（Sustainable Development Goals：持続可能な開発目標）をKPIに組み込む企業も増えてきています（➡ **Q&A 18，19，20**）。

　● **KPIの分類（4）　ステークホルダー（利害関係者）** ●

【顧客の視点】
　・顧客関連KPI

【株主の視点】
　・企業価値の向上や資本効率，株主還元関連KPI

【経営者・社員の視点】
　・業務関連KPI
　・職場環境関連KPI

【地域社会の視点】
　・ESG経営やSDGs関連KPI

（5）期　　間

　KPIの設定期間も様々です。日常的な管理指標である先行指標の場合は，月次での目標設定が一般的で，週次や日次管理を実施している企業もあります。遅行指標の場合は，四半期や半期，1年の事業計画，3年から5年ほどの中期経営計画において目標が掲げられます。

　期間の違いは，KPIの性質にも違いをもたらします。

　短期のKPIである月次，週次，日次の管理指標（先行指標）は，日常業務の目標として位置づけられます。

　ただし，実際には，企業によって日常的なものから戦略的なものまで，多様なKPIが設定されています。日常業務管理のためのKPI設定に際しては，多くのKPIを細かく設定せず，現場の創造的業務を阻害せず，数字合わせに走る行動を誘発しないように注意が必要です（➡ **Q&A 28**）。

　一方，中長期の経営計画におけるKPIは，社外の利害関係者へのメッセージでもありますので，中長期的視点に加えて，より視野の広いSDGs関連の目標が掲げられる傾向にあります（➡ **Q&A 18，19，20**）。

● KPIの分類（5）　期間 ●

【先行指標】
　・月次，週次，日次の管理指標
【遅行指標】
　・四半期や半期，1年の事業計画，3年から5年ほどの中期経営計画における
　　目標指標

Q4　企業は誰のためのものか？

　4つのステークホルダー（顧客，社員，地域社会，株主）の優先順位はどのようなものでしょうか？

A

　企業の最大の目的は，企業価値の最大化だと言われます。特に，株主の利益を最優先する考え方が，英米において古くから標榜されてきました。

　しかし，2019年，米国において，「株主第一主義」を見直す興味深い動きがありました。米国の主要企業200社の経営者が会員となっているビジネス・ラウンドテーブル（Business Roundtable）は，「企業の目的に関する声明」を発表し，1997年以降，「企業は主に株主のために存在する」としていた基本原則を，「顧客や従業員，取引先，地域社会，株主といったすべての利害関係者の利益に配慮し，長期的な企業価値向上に取り組む」という方向に方針転換しました。

　つまり，4つのステークホルダー（顧客，社員，地域社会，株主）や取引先なども含め，すべてのステークホルダーの利益が尊重されるべきという時代になってきています。

　さらに，「会社は誰のためのものか？」という問いに踏み込めば，これらのステークホルダーが等しく権利を持つということはなく，社員が最優先されるべきでしょう。社員が会社に提供している時間，知識・経験，思いなどから，出資の範囲内の有限責任を負う株主よりも，優先されるべきでしょう。もちろん，法的には株主が所有者であり，株主の有する権利は尊重されなくてはなりません。

　また，ビジネス・ラウンドテーブルの「すべての利害関係者の利益に配慮」への方針転換は，米国企業の行き過ぎた株主重視からの揺り戻しですし，日本企業は行き過ぎた株主軽視が低利益率の常態化を許し，事業構造の転換が進ま

ずに競争力の低下を招いたことを忘れてはいけません。

　日本においては，2014年8月，経済産業省「伊藤レポート」のROE（Return on Equity：自己資本利益率）8％という目標が注目され，資本効率の高いビジネスモデルへの転換が求められ，株主重視に少し舵を切っています。また，内部留保を抱え過ぎとの批判から株主還元を増やしているのも株主重視の傾向と言えます。また，株主還元が増大している一方，労働分配率（企業が生み出した付加価値（利益）のうち，労働者に還元される割合）は低下傾向にあることも知られています。これは社員よりも株主を重視している企業行動と言えます。

● 企業は誰のためのものか？ ●

【日本企業】
- ・伝統的に「会社は社員のもの」
- ・「ROE8％」，株主還元の増大，労働分配率の低下傾向など，株主重視へ

【米国企業】
- ・行き過ぎた株主重視から「すべての利害関係者の利益に配慮」へ方針転換

　ここまでは，企業統治の観点から「会社は誰のためのものか？」を説明してきましたが，株主や社員だけでなく，顧客や取引先，地域社会を含めたステークホルダー間の利害関係のバランスをどのようにとっていけばよいのでしょうか。

　そのヒントになるのが，ジョンソン・エンド・ジョンソン社（Johnson & Johnson, Inc.）のクレド（credo）です。クレドとは，企業行動の礎となる価値観や行動規範を簡潔に表現したもので，企業理念や経営哲学などとも呼ばれます。1943年に，ジョンソン・エンド・ジョンソンの「我が信条（our credo）」が起草されたのが始まりとされ，今日では，世界中の多くの企業で制定されています。

　ジョンソン・エンド・ジョンソンの企業理念・倫理規定として，「我が信条」というA4用紙1枚程度の文書は，顧客，社員，地域社会，株主の4つのステークホルダー（利害関係者）に対する責任を具体的に明示しています。

　つまり，企業が責任を果たす第1は「顧客」と「取引先」であり，第2に「社員」，第3に「地域社会」の順であり，これらに対する十分な務めを果たすことで，最後に「株主」へ正当な利益還元がなされるという考え方が受け取れます。

我が信条

　我々の第一の責任は，我々の製品およびサービスを使用してくれる患者，医師，看護師，そして母親，父親をはじめとする，すべての顧客に対するものであると確信する。顧客一人ひとりのニーズに応えるにあたり，我々の行うすべての活動は質的に高い水準のものでなければならない。我々は価値を提供し，製品原価を引き下げ，適正な価格を維持するよう常に努力をしなければならない。顧客からの注文には，迅速，かつ正確に応えなければならない。我々のビジネスパートナーには，適正な利益をあげる機会を提供しなければならない。

　我々の第二の責任は，世界中で共に働く全社員に対するものである。社員一人ひとりが個人として尊重され，受け入れられる職場環境を提供しなければならない。社員の多様性と尊厳が尊重され，その価値が認められなければならない。社員は安心して仕事に従事できなければならず，仕事を通して達成感と目的意識を得られなければならない。待遇は公正かつ適切でなければならず，働く環境は清潔で，整理整頓され，かつ安全でなければならない。社員の健康と幸福を支援し，社員が家族に対する責任および個人としての責任を果たすことができるよう，配慮しなければならない。

　社員の提案，苦情が自由にできる環境でなければならない。能力ある人々には，雇用，能力開発および昇進の機会が平等に与えられなければならない。我々は卓越した能力を持つリーダーを任命しなければならない。そして，その行動は公正，かつ道義にかなったものでなければならない。

　我々の第三の責任は，我々が生活し，働いている地域社会，更には全世界の共同社会に対するものである。世界中のより多くの場所で，ヘルスケアを身近で充実したものにし，人々がより健康でいられるよう支援しなければならない。我々は良き市民として，有益な社会事業および福祉に貢献し，健康の増進，教育の改

善に寄与し，適切な租税を負担しなければならない。我々が使用する施設を常に良好な状態に保ち，環境と資源の保護に努めなければならない。

　我々の第四の，そして最後の責任は，会社の株主に対するものである。事業は健全な利益を生まなければならない。我々は新しい考えを試みなければならない。研究開発は継続され，革新的な企画は開発され，将来に向けた投資がなされ，失敗は償わなければならない。新しい設備を購入し，新しい施設を整備し，新しい製品を市場に導入しなければならない。逆境の時に備えて蓄積を行なわなければならない。これらすべての原則が実行されてはじめて，株主は正当な報酬を享受することができるものと確信する。

ジョンソン・エンド・ジョンソン

Column・1　重要なのは戦略かマネジメントか？

　もう20年ほど前になりますが，米国のFortune誌におもしろい記事を見つけました。"Why CEOs Fail"と題されたその記事（Fortune, 139, No.12, 1999）は，当時，失敗と評された企業のCEO 10人を対象にその原因を調査したものです。その結果，失敗の原因は，戦略そのものではなく実行の失敗であると分析していました。

　トップマネジメントの掲げる戦略の良し悪しが業績を左右すると考える風潮がある中，そうではなく，たとえ優れた戦略であってもそれを実行するための仕組みができていないと，戦略は実現せず，組織は機能不全に陥るという話です。

　その後，2008年頃の英国のFinancial Times誌のトップ1,000企業を対象とした調査においても戦略の実現の難しさが示されました。その調査では，80%の取締役が自社には正しい戦略があったと考える一方，戦略の実行がうまくいったと答えたのはわずか14%に過ぎませんでした。

　これらの調査結果が示す通り，経営戦略論の大家であるA.D.チャンドラー教授による大命題「組織は戦略に従う」を実現することは容易ではないのです。

　こうした事実は，現代の企業経営におけるKPIマネジメントの重要性を浮かび上がらせます。つまり，戦略だけでなく，戦略を実現するためのKPIマネジメントが重要であることを物語っています。

　企業のビジョンや戦略を具現化するために，適切なKPIを設定し，目標達成に向けた事業計画（実施計画）を立て，PDCA（Plan-Do-Check-Action）マネジメントを円滑に実行する必要があります。

　本書を通じて，こうした点について解説していきたいと思います。

第 2 章

組織体制の整備と運用

Q5　組織形態（1）

　職能別組織，事業部制組織，マトリックス組織の違いはどのようなものでしょうか？

A

　職能別（機能別）組織，事業部制組織，マトリックス組織は，企業の組織形態の3つの基本形とも言えます。

（1）　職能別（機能別）組織

　職能別（機能別）組織は，開発，生産，販売，人事，経理などの職能ごとに企業組織を編成する組織形態です（**図表Ⅰ‐1**）。職能別組織は，単一事業や製品種の少ない大企業や，中小企業でよく見られます。

　職能別組織の長所は，まず，部門ごとに同様の業務に関わるメンバーが集まるため，専門分野に関するノウハウを習得しやすいことです。次に，職能別部門間の業務の重複が少ないため，効率性や規模の経済性（規模が大きくなるほど，単位当りコストが下がる）が発揮されやすいことです。他にも，企業の経営層に権限を集中させやすく，全社的な統制がとりやすいことなどが挙げられます。

　職能別組織の短所は，まず，職能部門間のヒトの移動が限定され，職能部門間の垣根が生じやすいことです。次に，職能部門のマネジャーが担当領域に専門化してしまい，より広い視野を持ったゼネラルマネジャーが育ちにくいことです。他にも，製品やサービスの提供には多くの部門が関わるため，調整を要し，製品・サービスや市場（顧客），競合への対応が遅れやすいことや，各職能部門の責任の所在が不明確になりやすいこと，部門間調整のための企業の経営層の負担が大きいことなどが挙げられます。

［図表Ⅰ-1］　職能別組織

```
● 職能別組織の長所 ●
・専門分野に関するノウハウの習得
・業務の効率性
・規模の経済性
・全社的な統制
● 職能別組織の短所 ●
・職能部門間の垣根
・ゼネラルマネジャーの育成の困難性
・製品・サービスや市場（顧客），競合への対応の遅れ
・各職能部門の責任の所在の不明確性
・部門間調整のための経営層の負担
```

（2）　事業部制組織

　事業部制組織は，製品・顧客・地域などの事業ごとに職能組織を分割する組織形態です（**図表Ⅰ-2**）。1921年に米国でデュポン社（DuPont de Nemours, Inc.）が，日本では1933年に松下電器産業㈱（現在のパナソニック㈱）で採用されたのが始まりです。今日では，事業の多角化した大企業において，最も一般的な組織形態です。

　事業部制組織の長所は，職能別組織の短所を克服するために，事業セグメントごとに組織編成することに起因します。まず，事業部ごとにすべての職能部門を分割するため，製品・サービスや市場（顧客），競合への対応を迅速に行えます。

　次に，事業セグメントごとに事業部長を置くことのメリットです。事業部長が事業部全体の最適化の観点から各職能部門間の調整を担うため，企業の経営層の負担が軽減します。そのため，企業の経営層は，より高所に立った企業の将来に向けた戦略の立案や事業部間の資源配分の意思決定などに注力できます。同時に，事業部長はすべての職能部門を持つ事業部の運営を任せられますので，職能別組織における職能部門長よりも，広い視野と大きな権限を持つことで，将来の経営者候補としてのゼネラルマネジャーの育成にも役立ちます。

　また，職能別組織では，製品やサービスの成果についての責任の所在が曖昧になりがちでしたが，事業部制組織では，事業部長がこうした責任を担うことになり，責任の所在が明確になります。

　事業部制組織の短所は，事業部制組織の長所と表裏一体のものです。まず，事業部の一体性が高まることで，事業部間の情報や人事交流が希薄になり，事業部間のシナジー効果が生じにくく，企業全体としての競争力を発揮できにくくなります。つまり，職能別組織では職能部門間の垣根が問題視されましたが，事業部制組織では事業部間の垣根が生じることになります。

　次に，事業部ごとに職能部門を持つため，機能や設備の重複は避けられません。例えば，同じ顧客に対して，事業部ごとにアプローチして事業部間の連携

［図表I-2］　事業部制組織

```
              ┌─────────┐
              │  経営層  │
              └─────────┘
     ┌─────────────┼─────────────┐
┌─────────┐   ┌─────────┐   ┌─────────┐
│ A事業部 │   │ B事業部 │   │ C事業部 │
└─────────┘   └─────────┘   └─────────┘
```

開発	生産	販売	人事	経理

開発	生産	販売	人事	経理

開発	生産	販売	人事	経理

● **事業部制組織の長所** ●
・製品・サービスや市場（顧客），競合への迅速な対応
・企業の経営層の負担軽減
・ゼネラルマネジャーの育成
・責任の所在の明確性
● **事業部制組織の短所** ●
・事業部間の垣根
・職能部門の重複による非効率性

がとれなかったり，フル稼働しない設備を事業部ごとに保持したりすることの非効率性などが生じます。

（3）　マトリックス組織

　マトリックス組織は，事業部制組織と職能別組織とをタテ・ヨコに組み合わせた組織形態です（**図表Ⅰ-3**）。他にも，地域別や顧客別など多様な区分の組み合わせが可能です。

　1960年代に，NASA（National Aeronautics and Space Administration：アメリカ航空宇宙局）が，アポロ計画（人類初の月への有人宇宙飛行計画）においてプロジェクト・チームと職能別組織とをタテ・ヨコに組み合わせた，プロジェクト・チーム制が始まりとされています。

　その後，1980年代に米国企業に広まり，今日では，世界中に広く普及しています。日本では，例えば，花王㈱が2012年から2013年頃に，機能（研究，生産，販売など）と事業（化粧品，スキンケア・ヘアケアなど），トヨタ自動車㈱が2016年に，地域（北米・欧州・アフリカ・日本，それ例外）と製品・技術とをタテ・ヨコに組んだマトリックス組織を採用しています。

　マトリックス組織の長所は，まず，職能別組織と事業部制組織（やプロジェクト制）の長所を両立できることです。つまり，職能部門での専門性の獲得と事業部（やプロジェクトなど）での製品・サービス化における専門性の発揮を目指します。

　次に，事業活動の中で目標を共有する異なる職能部門のメンバーとの交流が生まれるため，部門間の垣根が低くなり，部門を優先する部分最適ではなく，全社的な目標共有が図りやすくなります。

　また，企業の経営層からの権限委譲が進むため，経営層の日常業務に関する意思決定負担が軽減されることも挙げられます。

　マトリックス組織の短所は，同じ人がタテとヨコの複数の組織に属するため，上司が複数存在することとなり，指揮系統の不統一や評価への不満が生じかねないことなどです。

　企業の成長に伴い，事業・製品の種類が増えてきたり，各機能部門の部分最適が目立ってきたりすると，マトリックス組織を採用する企業も増えてきます。

[図表Ⅰ-3]　マトリックス組織

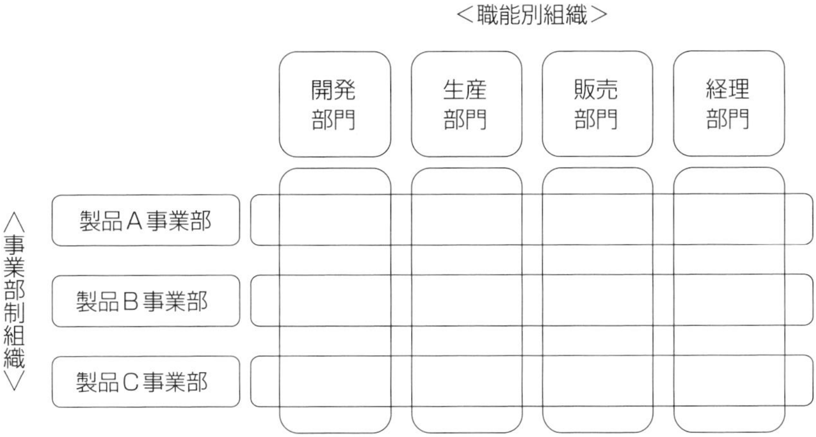

＜職能別組織＞

	開発部門	生産部門	販売部門	経理部門
製品A事業部				
製品B事業部				
製品C事業部				

＜事業部制組織＞

● マトリックス組織の長所 ●
・専門性の獲得と事業活動での発揮の両立
・異部門メンバーとの交流による全社的な目標共有
・経営層の意思決定負担の軽減
● マトリックス組織の短所 ●
・指揮系統の多元化による指揮系統の不統一
・指揮系統の多元化による評価への不満

Q6　組織形態（2）

企業の組織形態は，他にもありますか？

A

　はい。他にも特徴的な組織形態があります。カンパニー制，持株会社制について説明しましょう。これらは，1990年代半ばから注目を集める比較的新しい組織形態です。

（1）　カンパニー制

　カンパニー制（社内カンパニー制）とは，会社内の事業ごとにひとつの会社のように分権化し，独立採算制をとる社内分社制度です。つまり，事業部制組織と同様に，すべての職能部門を持つ組織編成において，事業部制組織ではなかった投資権限（資金調達）や人事権を持ちます。実際には，事業部制組織からカンパニー制へ移行する際には，事業部を統合・再編してカンパニーを編成することも多いです。

　1994年にソニー㈱が日本企業では初めて，最近では2016年にトヨタ自動車㈱が採用しています。一方，ソニーを含め，採用後に廃止している企業も多く，事業環境の変化や事業構造との適合性などの見極めが必要な組織形態と言えます。

　カンパニー制の長所は，カンパニーの権限強化に起因します。事業部制組織のようにすべての職能部門を持つだけでなく，投資権限や人事権も持ち，カンパニー長は独立会社の社長とほぼ同等の責任と権限を有することになります。

　そのため，カンパニー長の事業責任は事業部制組織よりも明確になります。また，カンパニー長は独立採算制をとる社内分社を経営しているわけですか

ら，将来の企業の経営者の育成という観点からも，貴重な経験を積むことができます。加えて，投資や人事，新製品開発などの重要な経営判断を，企業の経営層に仰ぐ必要がなく，カンパニー内で意思決定できるため，製品・サービスや市場（顧客），競合に対して迅速な対応が可能になります。

　カンパニー制の短所は，カンパニーの独立性がもたらす長所の裏返しとも言えます。カンパニーの独立性が高いために，カンパニー間の情報共有・意思疎通に乏しく，企業としての総合力を発揮できず，カンパニー横断的な事業展開ができにくくなります。また，企業全体よりもカンパニーの業績が優先されがちになり，従業員の企業への帰属意識も低くなってしまいます。

　このように，事業部制の抱える短所がより強化されます。そこで，事業部制のもうひとつの短所である機能や設備の重複も避けられず，この短所もより強調されることになります。

● カンパニー制の長所 ●

・権限強化による迅速な意思決定
・経営責任のさらなる明確化
・将来の企業経営者の育成
・製品・サービスや市場（顧客），競合への迅速な対応

● カンパニー制の短所 ●

・カンパニー間の垣根
・会社よりもカンパニーへの帰属意識
・カンパニー間の業務重複による非効率性

（2） 持株会社制

　1997年の独占禁止法の改正により，純粋持株会社の設立が解禁され，今日では，500社以上の上場企業が持株会社制を採用しています。

　持株会社制とは，持株会社の傘下にグループ会社を配置し，グループ経営の全体最適化を図る組織形態です。

　カンパニー制は，法的にはひとつの会社内に，疑似的に独立会社に見立てたカンパニーを設置していましたが，持株会社制では，本社（純粋持株会社）は事業活動を行わず，投資目的ではなく，傘下のグループ会社の事業・経営を支配する目的で株式を保有し，これらの会社から配当を得る仕組みです。

　1999年以前にも認められていた事業持株会社制では，親会社が事業会社である点が，純粋持株会社とは大きく異なります。事業持株会社制では，親会社の事業が優先され，子会社主導の新規事業の立ち上げは難しい傾向にありました。

[図表Ⅰ-4]　事業持株会社と純粋持株会社

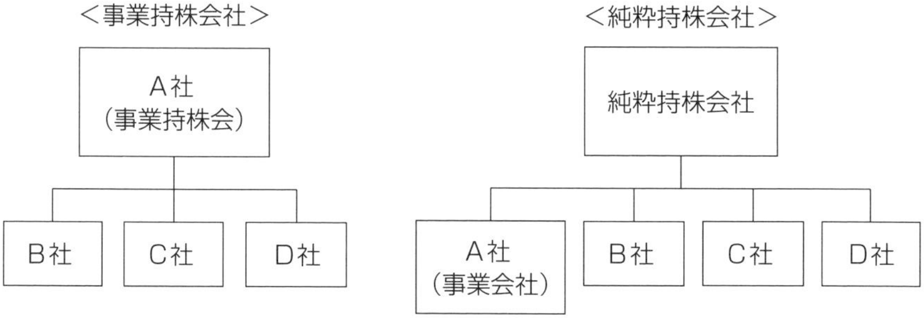

　持株会社制の長所は，一言で言えば，グループ経営に適していることです。

　親会社は企業グループ全体の戦略立案や最適な資源配分のあり方に集中し，傘下のグループ会社は自社の経営を担う，グループ経営と傘下企業の経営との意思決定の分離が実現できます。そのため，事業部制組織では事業会社でもある親会社の経営判断を仰ぐ必要がありましたが，持株会社制では，子会社自身

● 持株会社制の長所 ●

・経営資源の最適化
・権限委譲による迅速な意思決定
・経営責任のさらなる明確化
・将来の企業経営者の育成
・M&A，新規事業の推進

● 持株会社制の短所 ●

・グループ企業間の垣根
・グループ企業間の経営資源重複による非効率性

で自社の経営・事業について判断できるため，迅速な意思決定が可能になります。加えて，傘下企業の経営責任も明確化し，将来のグループ経営を担う経営者の人材育成にも役立ちます。

　また，傘下企業の独立性の高さや企業・事業評価の容易性から，M&A（合併と買収）にも適した組織形態と言えます。

　持株会社制の短所は，グループ会社の独立性がもたらす長所の裏返しとも言えます。グループ各社の独立性が高くなり過ぎると，グループ全体としての総合力を発揮できなくなりますので，親会社のグループ統制機能の強化は重要な課題です。また，持株会社制ではグループ各社は独立した企業体ですので，各社が本社機能（人事や経理など）を持つ必要があり，グループ全体としては，経営資源の重複が避けられません。

Q7　責任と権限

　組織単位の権限によって，管理責任はどのように異なりますか？

A

　KPIマネジメントにおいて，組織単位の業務権限と責任者（マネジャー）の責任とは整合的でなくてはなりません。

　つまり，基本的には，マネジャーの権限のおよぶ範囲でKPIを設定する必要があります（ただし，部門間協働やマネジャーの意識を向けさせるために，権限を越えるKPI設定もありえます）。KPIは会計（財務）目標だけでなく，定量目標を設定しますが，組織の管理責任（業務権限）と会計責任との関係を規定する責任会計制度は参考になるので，紹介しておきましょう。

　まず，責任会計（respinsibility accounting）制度とは，経営管理責任と会計責任とを結びつけることで，責任者の業績を会計数値として測定・評価するための経営管理の仕組みのことです。

● **責任会計制度** ●

経営管理責任と会計責任とを結びつけ，責任者の業績を会計数値として測定・評価するための経営管理の仕組み

　次に，責任会計制度における組織の役割を説明します。第1は，コスト・センター（cost center）です。原価・費用についてのみ責任を負う組織単位で，製造部門，本社部門，研究開発部門などが該当します。通常の予算管理においては，予算の種類として，製造予算や一般管理費予算の管理責任を負います。

　第2は，レベニュー・センター（revenue center）です。収益に対してのみ責任を負う組織単位で，販売部門などが該当します。通常の予算管理においては，予算の種類として，売上高予算や販売費予算の管理責任を負います。

　第3は，プロフィット・センター（profit center）です。利益（＝収益－原価・費用）責任を負う組織単位で，事業部などが該当します。通常の予算管理においては，予算の種類として，損益予算の管理責任を負います。

　第4は，インベストメント・センター（investment center）です。原価・収益・利益に加え，投資効率について責任を負う組織単位で，社内カンパニーやSBU（Strategic Business Unit）が該当します。通常の予算管理においては，予算の種類として，損益予算，設備投資予算を含む資本予算，貸借対照表予算の管理責任を負います。SBUとは，事業部レベルのものや複数の事業部を束ねる事業本部のようなものもありますが，共通するのは，権限の拡大と同時に事業責任の明確化を意図している点です。

● 責任会計制度における組織の役割 ●

【コスト・センター】
　・原価・費用についてのみ責任を負う組織単位
　　　＜例＞製造部門，本社部門，研究開発部門など

【レベニュー・センター】
　・収益についてのみ責任を負う組織単位
　　　＜例＞販売部門など

【プロフィット・センター】
　・利益（＝収益－原価・費用）責任を負う組織単位
　　　＜例＞事業部など

【インベストメント・センター】
　・原価・収益・利益に加え，投資効率について責任を負う組織単位
　　　＜例＞社内カンパニーやSBUなど

Q8　戦略，計画とPDCAマネジメント

戦略，計画とPDCAマネジメントとは，どのようなもの
でしょうか？

A

（1）　戦　　略

　戦略は，企業戦略，事業戦略，機能戦略の3つのレベルに分けられます。

　企業戦略は，経営ビジョンを明示し，事業構成を考え，各事業への資源配分
を決定するものです。企業の経営層が担うべき戦略で，例えば，企業グループ
全体の財務戦略やM&A（合併と買収）戦略などが挙げられます。

　事業戦略は，事業領域（市場と顧客）を設定し，利益を獲得するビジネスモ
デルを提示するものです。事業部門長が担うべき戦略で，例えば，新商品開発
戦略や新規顧客獲得戦略などが挙げられます。

● 企業の3つのレベルの戦略 ●

【企業戦略】
　・経営ビジョンを明示し，事業構成を考え，各事業への資源配分を決定
　　　＜例＞財務戦略やM&A戦略など
【事業戦略】
　・事業領域を設定し，利益を獲得するビジネスモデルを提示
　　　＜例＞新商品開発戦略や新規顧客獲得戦略など
【機能戦略】
　・機能部門の目指すべき方向性を提示
　　　＜例＞マーケティング戦略や販売戦略，生産戦略など

　機能戦略は，各機能部門において，目指すべき方向性を示すものです。機能部門長が担うべき戦略で，例えば，マーケティング戦略や販売戦略，生産戦略などが挙げられます。

（2）　計　　画

　計画は，戦略を実現するために，目標を掲げ，期間，方法，手順，実施責任者などを具体的に明示したものです。

　計画にも種類があります。経営ビジョンや経営目標，経営目標の達成に向けた方針などを示した経営計画から，売上高，費用，利益額を見積もり，経営計画に会計的な裏づけをもたらす利益計画，目標達成に向けた具体的な実施方法を示した実施計画へと展開していきます。

　また，計画の期間により，5年を越える長期計画，3年から5年程度の中期計画，1年の短期計画に分けられます。

● 3つの種類の計画 ●

【経営計画】
　・経営ビジョンや経営目標，経営目標の達成に向けた方針などを明示
【利益計画】
　・売上高，費用，利益額を見積もり，経営計画に会計的な裏づけ
【実施計画】
　・目標達成に向けた具体的な実施方法を提示

※長期（5年越），中期（3年から5年），短期（1年）という区分もあり。

（3）　PDCAマネジメント

　PDCA（Plan-Do-Check-Action）マネジメントは，KPI目標を設定し（Plan），目標達成に向けて施策を実施し（Do），定期的もしくは節目において実績を測定し，目標達成状況を確認し（Check），目標未達時には原因調査をして，しかるべき対策を立てて実施します（Action）。このサイクルを円滑に回すことが重要になります。

Plan（計画：目標設定）

　経営戦略を実現するための計画の出発点として，KPI目標を設定します。戦略が，企業戦略 → 事業戦略 → 機能戦略と階層的に展開されるように，KPI目標も階層的に設定されます。

Do（実行：施策の実施）

　KPI目標を行動指針として，戦略の実現に向けて，日常業務に取り組みます。

Check（評価：目標達成状況の確認）

　マネジャーは，定期的もしくは節目において実績を測定し，目標達成状況を確認します。適切なタイミングで状況を把握することが重要です。加えて，単にKPI目標の達成度合いを確認するだけでなく，メンバーとのコミュニケーションは，製品・サービス，市場（顧客）・競合情報の収集や，メンバーの状況把握・育成のチャンスであることも意識しましょう。

Action（改善：目標未達時の原因分析，対策の立案・実施）

　目標未達時には，その原因を分析し，対策を立案し，即効性のある施策はすぐに実行に移します。このように，Check（評価）の後，原因分析をして，改善案をフィードバックして，次のPDCAサイクルのPlanを修正したり，進行中のDoを改善したりすることが重要です。

（4）　戦略・計画・PDCAマネジメントの関係

　戦略，計画，PDCAマネジメントの一貫性を保ち，利益管理活動を実施することが重要です。

　利益管理活動においては，経営方針に基づき，経営戦略が立てられ，中長期経営計画から単年度の利益計画（短期利益計画）が立案されます。その後，短期利益計画に基づき予算編成方針が設定され，PDCAのサイクルを回します。

　ここで，予算編成では，部門責任者に財務目標が割り当てられますが，KPIマネジメントと予算管理を統合することで，顧客満足度や改善提案数といった非財務目標の活用も可能になります。

［図表 I - 5］　戦略・計画・PDCAマネジメントの関係

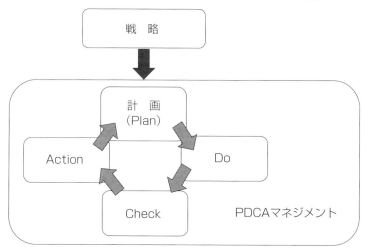

Column・2　組織成長の「150人の壁」とKPIマネジメント

　組織の成長とともに，マネジメントの重要性は増していきます。組織規模の拡大に伴い，購買や人事などの職能部門が増えたり，製造1課，製造2課と職能分化したり，人員の増加に伴い，組織の階層化も進みます。そうなってくると，社長一人で，すべての職能部門の業務や顧客，競合の情報を把握し，意思決定することは困難になってきます。

　こうした問題が顕在化するのが「150人の壁」です。創業から事業規模を拡大し，従業員が150人（支店や店舗を複数展開する業態であれば100人）を超える頃に訪れる壁です。

　そこで，ある程度の組織規模になれば，組織体制を整備し，業務プロセスの遂行ルールを規定し，意思決定権限を各階層のマネジャーに委譲していく必要が出てきます。つまり，組織成員が150人程度になれば，経営管理の仕組みを整備しなければ企業経営はうまくできなくなってきます。

　適切なKPIマネジメントの設計と運用によって，この「150人の壁」を乗り切りましょう。

　組織の各部門に張り巡らされたKPIは，経営者にとっては，企業活動が円滑に進められているのかを知る「診断ポイント」ですし，マネジャーにとっては，自身に任された部門・業務の「目指すべき方向性と管理・到達目標」となります。また，KPIを共通言語とすることで，組織階層の上下間の垂直的コミュニケーションや，異なる事業・部門間の水平的コミュニケーションも円滑に進めることができます。

　加えて，KPI間の関係性（全社のKPIの関係図）も明示することで，従業員も含めて，自身の仕事がどのように全社の利益獲得，さらには企業価値の向上に結びついているのかを知ることができるようになります。

第  章

KPIの設定：基礎

Q9	財務指標（1）：財務KPI

財務KPIには，どのようなものがありますか？

A

　財務KPIは，P/L（損益計算書），B/S（貸借対照表），C/F（キャッシュフロー計算書）の財務三表の項目をそのまま用いた金額表記のものから，それらの項目を組み合わせた比率，回数（期間），倍率（倍）などがあります（➡ Q&A 3）。

[図表Ⅰ-6] 財務三表（B/S・P/L・C/F）

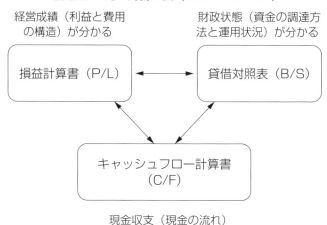

[図表 I - 7]　損益計算書（P/L）

売上高	
売上原価	
売上総利益	➡ 粗利益
販売費及び一般管理費	
営業利益	➡ 本業で稼いだ利益
営業外収益	
営業外費用	
経常利益	➡ 経常的企業活動で稼いだ利益
営業外収益	
営業外費用	
税引前当期純利益	➡ 臨時的損益も加えた最終利益
法人税等	
当期純利益	

　まず，財務KPIの中でも，企業や事業の最終目標として設定されることが多いのが，P/LベースのKPIです。P/Lでは経営成績（利益と費用の構造）が分かるため，P/LベースのKPIは，収益性や成長性に関して，売上高や営業利益などのP/L項目やその成長率に加えて，売上高営業利益率（利益項目は，総利益，経常利益，当期純利益なども），売上高販管費率など，売上高に対する利益や費用の割合などが設定されます。

[図表Ⅰ-8]　貸借対照表（B/S）

次に，B/SベースのKPIです。B/Sでは財政状態（資金の調達方法と運用状況）が分かるため，B/SベースのKPIは，資金調達・運用バランスといった安全性や，売上高と資産・負債額とのバランスといった活動性，資本効率に関するKPIなどが設定されます。

例えば，安全性に関するKPIは，流動比率（％）（流動資産÷流動負債×100），固定比率（％）（固定資産÷自己資本×100）など，活動性に関するKPIは，総資本回転率（回）（売上高÷総資本），固定資産回転率（回）（売上高÷固定資産）などです。

これらは，以前から財務分析に活用されてきた指標ですが，近年は，資本効率に関するKPIが注目されています。例えば，ROA（Return on Assets：総資産利益率），ROE（Return on Equity：自己資本利益率），EVA®（Economic Value Added：経済的付加価値）などです（➡ **Q&A 14，27**）。

[図表 I - 9]　キャッシュフロー計算書（C/F）

営業キャッシュフロー	➡ 本業での現金の流れ
投資キャッシュフロー	➡ 投資での現金の流れ
財務キャッシュフロー	➡ 資金調達に関する現金の流れ

　最後に，C/FベースのKPIです。C/Fでは本業と投資，財務活動における
キャッシュの流れや自由に使える余剰資金（フリー・キャッシュフロー）が分か
るため，C/FベースのKPIは，キャッシュフロー経営には欠かせない指標にな
ります（➡ Q&A 10）。

　営業キャッシュフローは，本業によるキャッシュの増減，投資キャッシュフ
ローは，新規の設備投資（有形固定資産の取得）やM&A（無形固定資産の取得)，
これらの売却によるキャッシュの増減，財務キャッシュフローは，資金調達や
借入金の返済，配当金の支払などによるキャッシュの増減が示されます。

　フリー・キャッシュフローは，営業キャッシュフローから投資キャッシュフ
ローを差し引くことで算定されます。

　フリー・キャッシュフロー以外にも，C/FベースのKPIとして，例えば，
キャッシュフロー投資利益率（CFROI：Cash Flow Return on Investment）や
EBITDA（Earning before Interest, Taxes, Depreciation and Amortization：支払利
息・税金・減価償却控除前利益）などがあります（➡ Q&A 10）。

　また，B/SベースのKPIですが，キャッシュ・コンバージョン・サイクル
（CCC：Cash Conversion Cycle）なども，キャッシュフロー視点のKPIと言えま
す。CCCは，売上債権回転日数＋棚卸債権回転日数－仕入債務回転日数の算
式で求められます。

Q10　財務指標（2）：キャッシュフローKPI

　キャッシュフローに関するKPIには，どのようなものが
ありますか？

A

　キャッシュフローKPIについて，Q9に引き続き，もう少し詳しく説明しましょう。

（1）　フリー・キャッシュフロー（free cash flow）

　まずは，基礎的なキャッシュフロー指標として，フリー・キャッシュフロー（free cash flow）があります。フリー・キャッシュフローは，「適切な資本コストで割り引いたときに，正味現在価値がプラスになるすべての代替的投資案に資金を投入した後で残存する超過キャッシュフロー」（櫻井，2019，87頁）と説明されます。つまり，フリー・キャッシュフローとは，経営者が運用先を自由に決定できるキャッシュフローです。

　フリー・キャッシュフローは，次の式のように，営業キャッシュフローと投資キャッシュフローを足して算定されます。しかし，投資キャッシュフローは，機械や設備への投資によるキャッシュの増減を表すので一般的にマイナスになりがちなため，フリー・キャッシュフローは，営業キャッシュフローから投資キャッシュフローを差し引くことで算定されるとも言えます。そのため，フリー・キャッシュフローがプラスであれば，本業の儲けで投資をまかなえている健全な状態であると言えます。

> フリー・キャッシュフロー
> 　　　　　　　　＝営業キャッシュフロー＋投資キャッシュフロー

（2）　キャッシュフロー投資利益率（CFROI）

　次に，キャッシュフロー基準の投資利益率（ROI: Return on Investment）であるキャッシュフロー投資利益率です。投下資本から生み出される利益をキャッシュフローで見る指標です。

　CFROIは，次の式のように，税引後営業キャッシュフローを粗資産合計で割ることで計算されます。分子の税引後営業キャッシュフローは，税引後営業利益に非現金費用（減価償却費など）とその他の調整項目を加えて計算します。分母の粗資産合計は，インフレの影響も考慮し，物価調整率調整後の投資額に，建物や機械設備等の有形固定資産と無形固定資産から成る償却資産を加えて計算します。

> $$CFROI = \frac{税引後営業キャッシュフロー}{粗資産合計}$$
>
> ＜分子＞
> 　税引後営業キャッシュフロー＝税引後営業利益＋減価償却費＋その他調整項目
> ＜分母＞
> 　粗資産合計＝物価調整率調整後の投資額＋償却資産（有形＋無形）
>
> （Black, *et al.*, 2001, pp.78-79）

　CFROIは，機関投資家による企業評価や長期にわたる事業評価に適していますが，すべての企業の業績評価に適用できるかは，さらなる検討が必要と言われています（櫻井，2019）。

（3）　EBIT

　続いて，EBIT（Earning before Interest, and Taxes：利払前・税引前利益）を紹介しましょう。EBITは，次の式のように，税引前当期純利益から支払利息と受取利息とを加減して計算します。

　EBIT＝税引前当期純利益＋支払利息－受取利息

（4）　EBITDA

　さらに，EBITDA（Earning before Interest, Taxes, Depreciation and Amortization：支払利息・税金・減価償却控除前利益）も紹介しておきます。キャッシュフローに近い指標であり，「キャッシュベースでの収益力」を示します。会計基準や税率の違いが表れないため，異なる国の企業・業績比較に有効とされています。EBITDAは，次の式のように，税引前利益に，支払（受取）利息と減価償却費を加減して算定します。

　しかし，2002年のWorldCom社破綻時に明るみに出たように，巨額の営業費用（リース代）を減価償却費につけ替えてEBITDAを水増しした事例もあります。WorldCom社では，本来であれば収益的支出として当期の費用とすべき支出を資本的支出（設備投資）として処理しました。

　EBITDAが多いと，企業の長期的成長要因である設備投資に積極的な印象を与えることができるので，恣意的な会計操作が行われる危険性にも注意が必要です。

　EBITDA＝税引前利益＋減価償却費＋支払利息－受取利息

（5） 当期純利益，EBIT，EBITDAの比較

最後に，当期純利益，EBIT，EBITDAを比較しましょう（**図表Ⅰ-10**）。

[図表Ⅰ-10] 当期純利益，EBIT，EBITDAの比較

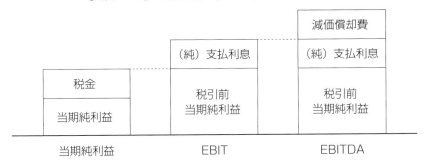

EBITは，税引前当期純利益から支払利息と受取利息とを加減して計算しました。EBITは，投資額が大きく，借入金で賄っている企業では，支払利息も多くなるため，税金や利息を支払う前の「実際のビジネスで獲得した利益」を示す指標として活用されます。ベースとなる利益指標は，税引前当期純利益だけでなく，営業利益や経常利益を用いる企業もあります。

EBITDAは，EBITに減価償却費を加えて計算します。EBITが利益額に支払利息を加えて融資への積極的な姿勢を評価しようとする指標であるのに対して，EBITDAではさらに減価償却費も加えることで，投資への積極姿勢も評価する指標になっています。

【参考文献】
○Black, A., Philip, W. and J. Davies (2000) *In Search of Shareholder Value,* 2nd ed., Financial Times Management.（初版の翻訳本：井手正介監訳（1998）『株主価値追求の経営』東洋経済新報社）
○櫻井通晴（2019）『管理会計＜第7版＞』同文舘出版。
　※Q&A10の解説の多くは本書に依拠しています。
○平岡秀福（2009）「企業と事業の財務的評価のためのキャッシュフロー概念」『創価経営論集』第33巻第1号，39-57頁。

Q11　財務指標（3）：事業業績評価のための財務KPI

事業業績評価のための財務KPIには，どのようなものがありますか？

A

　事業業績評価には，売上高や利益額などのP/LベースのKPIなどが利用されますが，代表的な指標である売上高利益率，投資利益率，残余利益，EVA®について説明します。

（1）　売上高利益率（Return on Sales）

　売上高利益率（%）＝利益÷売上高×100 で計算する収益性指標で，日本企業での利用が多い指標です。日本企業における事業業績評価では，利益率指標だけでなく，経常利益の利用も多い傾向にあります。

$$売上高利益率（\%）＝\frac{利益}{売上高}×100$$

（2）　投資利益率（ROI：Return on Investment）

　投資利益率（%）＝利益÷投下資本×100＝売上高利益率（利益÷売上高）×資本回転率（売上高÷投下資本）×100 に分解されます。長所として，収益性と投下資本効率の両面を判断可能です。米国企業での利用が多い指標です。

　ROI関連指標として，資産効率重視ならばROA（Return on Assets：総資産利益率），株主重視ならばROE（Return on Equity：自己資本利益率）などもあります。

2014年8月，経済産業省「伊藤レポート」のROE8％という目標が注目されましたが，日米企業間のROE格差の主要因は，売上高利益率の差であることも知られています。つまり，日本企業には資本効率の改善よりも，十分な利益を確保できるビジネスモデルへの転換が必要であることが示唆されます。

$$投資利益率（\%）=\frac{利益}{投下資本}\times100$$
$$=売上高利益率\times資本回転率$$
$$=\frac{利益}{売上高}\times\frac{売上高}{投下資本}\times100$$

（3）　残余利益（RI：Residual Income）

残余利益＝管理可能利益－加重平均資本コスト＝税引前（後）営業利益－投下資本×希望利益率で計算されます。資本コストを考慮しないROIの短所を克服できます。

残余利益＝管理可能利益－加重平均資本コスト
＝税引前（後）営業利益－投下資本×希望利益率

（4）　EVA®（Economic Value Added：経済的付加価値）

EVA®＝税引後営業利益－加重平均資本コストで計算されます。残余利益の発展形と言えます。残余利益に比べ，計算の細部が精緻化され，企業価値と連動した指標となっています。日本では，花王㈱やパナソニック㈱の取り組みが有名ですが，EVA®が誕生した米国でも採用率は10％以下となっています（➡ **Q&A 14，27**）。

EVA®＝税引後営業利益－加重平均資本コスト

Q12　財務・非財務指標の利用実態

　日本企業では，実際にどのような指標を事業業績目標として利用しているのでしょうか？

A

　事業業績目標としてのKPIは，財務KPIに加えて，非財務KPIも利用されます。

　筆者の研究グループが，2014年11月に東証一部上場全社を対象（有効回答数・率：308社・16.9％）に実施した調査結果を報告します（吉田他，2015）（**図表Ⅰ-11**）。

[図表Ⅰ-11]　財務・非財務指標の利用実態

	質　問　項　目	重視度順位	有効回答	平均値	標準偏差
財務指標	（1）　売上高	第3位	304	5.53	1.27
	（2）　事業部利益	第1位	306	6.13	0.97
	（3）　営業キャッシュフロー	第7位	302	4.35	1.49
	（4）　利益率（対売上高，投資，資産など）	第2位	305	5.55	1.17
非財務指標	（5）　顧客関連（市場占有率，顧客満足度，苦情件数など）	第5位	304	4.65	1.30
	（6）　内部プロセス関連（生産性，品質，在庫，開発，納期など）	第4位	304	4.74	1.23
	（7）　人材育成関連（教育，訓練，モチベーションなど）	第6位	305	4.55	1.18
	（8）　企業・事業ブランドの構築・保守関連	第8位	305	4.26	1.25

【出所】　吉田他（2015）73頁。

　事業業績評価において重視する指標について，7点尺度（「1　全く重視していない」から「7　極めて重視している」）で調査した結果，「（1）売上高」の得

点は5.53，「（2）事業部利益」は6.13，「（3）営業キャッシュフロー」は4.35，「（4）利益率（対売上高，投資，資産など）」は5.55，「（5）顧客関連（市場占有率，顧客満足度，苦情件数など）」は4.65，「（6）内部プロセス関連（生産性，品質，在庫，開発，納期など）」は4.74，「（7）人材育成関連（教育，訓練，モチベーションなど）」は4.55，「（8）企業・事業ブランドの構築・保守関連」は4.26でした。

　業績評価指標間の比較では，重視度第1位の「事業部利益」指標が他のすべての指標（有意水準0.1％），第2位「利益率」指標と第3位「売上高」指標は第4位以下の5指標（同0.1％），第4位「内部プロセス関連」指標は第6位以下の3指標（同0.1％，第6位とは同10％），第5位「顧客関連」指標は第7位以下の2指標（同5％，0.1％），第6位「人材育成関連」指標は最下位の「企業・事業ブランドの構築・保守関連」指標（同0.1％）よりも重視される傾向が，統計的にも確認・示唆されました。

　調査結果の特徴を見ると，まず，財務指標（1）から（4）について，事業部利益が最重視され，次いで利益率や売上高が重視され，営業キャッシュフローの重視度は相対的に低い傾向が示されています。

　一方，非財務指標（5）から（8）について，統計的な有意差は確認されませんでしたが，「内部プロセス関連」指標の得点が「顧客関連」指標の得点を上回っています。また他の指標と比べると重視度は低いながらも，「人材育成関連」や「企業・事業ブランドの構築・保守関連」といった長期的・非財務指標についても一定程度の得点傾向が確認できました。この結果は，日本企業に特徴的なマネジメントの長期志向性を示唆しているのかもしれません。

【参考文献】

○吉田栄介・徐智銘・桝谷奎太（2015）「わが国大企業における業績管理の実態調査」『産業経理』第75巻第2号，68-78頁。

Q13　KPI目標のあるべき水準

　KPI目標の難易度については，どのような水準に設定すべきでしょうか？

A

　企業内では，様々な目標が設定されます。伝統的に，財務目標のPDCA（Plan-Do-Check-Action）マネジメントとして，標準原価管理と予算管理が広く用いられてきました。

　同じ「目標」といっても，工場で用いられる標準原価であれば，理論的には科学的・統計的調査に基づく技術的合理性が求められ，実務的にも，無駄・非効率の排除などの能率向上の観点から実現可能な合理性が求められます。

　一方，予算の場合は，利益管理の手段であり，企業全体の利益目標を部門ごとに調和的に達成するための必達目標となります。

　予算差異分析の目的は，予算未達の原因を探る問題点の発見と必要な是正措置の実施，管理者の業績評価と動機づけ，次期の予算編成へのフィードバックなどが挙げられます。

　また，売上予算を上回ったり，費用予算を下回ったりするような予算の有利差異の場合にも原因分析が必要です。それは，予算編成の前提条件や予算スラックなどに問題がなかったのかを検討するためです。

　つまり，予算目標は必達目標であり，結果を判断する予算差異分析の目的は多様なため，目的に応じて予算目標のあるべき水準は異なります。

　KPIマネジメントでは，標準原価管理や予算管理が対象とする財務目標だけでなく，非財務目標も設定されますが，非財務目標もできるだけ定量目標化することでPDCAマネジメントが円滑に進みやすくなります。

　それでは，予算管理の知見から，KPI目標のあるべき水準について考えてみましょう。予算管理では，業績評価，計画・調整，動機づけといった目的があり，これらの目的のどれを重視するのかによって，あるべき目標水準は異なります。

　業績評価目的の利用には，目標水準（難易度）との比較が必要で，一般的には努力すれば達成できる水準に設定されます。評価においては，他者との比較も含め，被評価者が公正に評価されていると受け止められる納得感を高めることが大切です。

　今日では，予算においては調整機能が最重要視され，統制機能にも期待する傾向にあります。かつては統制機能が最も重要とされ，予算管理を予算統制と呼んでいました。

　予算管理におけるひとつの解決策としては，計画・調整目的の利用であれば年次予算，統制目的（動機づけ，業績評価など）の利用であれば月次予算を用います。そうすることで，年次予算の1年というある程度長い時間軸で，事業・部門間のバランスや事業・部門内の資源配分の最適化を図ったり，月次予算では直近の状況変化を織り込んだ現実的な目標設定が可能になったりします。

　KPIマネジメントにおいても，月次管理する先行指標は，予算管理における月次予算と同様ですし，半期や年次で達成度を確認する遅行指標は，日常的な管理対象ではなく，その結果を業績評価する対象だと考えてください。

　どのような目的を重視してKPIマネジメントを実施するのかを明確にすることで，自ずとKPI目標のあるべき水準は決まってきます。事業・部門間の公平性を担保し，KPI目標の責任者の納得感の得られる目標設定プロセスと目標水準が求められます。

Column・3　「見える化」できればKPIか？

「見える化」はマネジメントの出発点です。「Q&A2 KPIマネジメントの7つの原則」においても，第1原則として「業務の見える化」を取り上げました。業務の状況を測定できなければ，現状を客観的に把握することができないため，マネジメントを始めることができません。

それでは，「見える化」ができる指標は，すべてKPIとして設定してよいのでしょうか。答えはNoです。この点については，「Q&A1 KPIとは？」の第2の要件として取り上げました。KPIは，単なるPI（Performance Indicators：業績目標）ではなく「重要（key）」なものに限定する必要があります。目標となる指標が多過ぎると，どの目標を重視すべきかが不明確になり，組織成員の意識・行動を組織目標に合わせる目標整合性の観点や業績評価基準としても，適切とは言えなくなります。欲張らずに，真にKPIと呼べる指標に絞り込みましょう。

KPIの多過ぎる設定の弊害については，「Q&A28 KPIマネジメントの失敗事例：カルビー㈱」において，3,000におよぶKPIの設定がもたらした逆効果について，紹介しています。BSC（➡ **第5章**）の4つの視点（財務，顧客，業務プロセス，学習と成長）から戦略目標としてのKPIを設定するだけでなく，現場スタッフの具体的行動に至るまで，細かくKPIを設定したことが失敗の原因でした。

KPIを適切に設定するためには，全社的な共通指標と事業・部門ごとの独自指標の設定ルール，事業・部門間のバランス，グループ会社や組織階層の下方への展開において，どの組織単位までKPIマネジメントを展開するのかも決めていく必要があります。

第Ⅰ部で学んだKPIマネジメントの基本的な考え方に加え，第Ⅱ部では実例を交えたより実践的な話，第Ⅲ部では様々な業種・企業での最先端の取り組みを紹介していますので，参考にしてください。

第Ⅱ部

KPIマネジメントの実践

第  章

KPIの設定：応用

Q14　財務指標（4）：企業価値評価のための財務KPI＝EVA®

　企業価値評価のための財務KPIには，どのようなものがありますか？

A

　企業は事業の束とも言われ，事業業績評価のための財務KPI（➡ Q&A 11）は企業価値評価の財務KPIとしても広く利用されています。

　ここでは，EVA®（Economic Value Added：経済的付加価値）について，Q&A 11に引き続き，詳しく説明しましょう。

　EVA®は，株主と債権者の視点から企業価値を算定するKPIで，Stern Value Management（旧Stern Stewart & Co.）社の登録商標です。ただし，Stern Value Management社のコンサルティングを受ける企業ばかりではなく，自社独自のEVA®類似指標を開発する企業もあります。

　EVA®は，次の式のように，「NOPAT（Net Operating Profit After Tax：税引後営業利益）−資本コスト」で算定されます（第1式）。

　資本コストは「投下資本×資本コスト（率）」に分解できます（第2式）。投下資本とは，有利子負債と株主資本（簿価）の合計です。資金の調達方法によって，資本コスト（率）も変わってきます。

　さらには，「EVA®＝（ROIC−WACC）×投下資本」に変形できます（第3式）。このように，EVA®の計算式をROIC（Return On Invested Capital：投下資本利益率）を含むものに変形すると，資本の効率的活用を測る指標となります。ROICは事業活動に投じた資金（投下資本）に対する利益を測る指標であり，「税引後営業利益／投下資本」の数式で算出され，事業活動が効率よく利益を生み

出しているかどうかを判断できます。近年，注目を集めるROIC経営については，後で取り上げましょう（➡ Q&A 26）。

　加えて，WACC（Weighted Average Cost of Capital：加重平均資本コスト，資本コスト率）は，株主視点の指標とも言えます。資本コストは，企業が資金調達することで生じる借入れに対する利息や株式に対する配当金の支払や株価上昇期待であり，それを上回る業績を目指すことで株主の視点に立っています。資本コストは，具体的には，資金提供者が求める個別に異なる利率（借入利息や株式調達コスト）を加重平均したWACCを算出します。

$$EVA^{®}＝税引後営業利益（NOPAT）－資本コスト \quad \cdots\cdots<第1式>$$

$$＝税引後営業利益（NOPAT）－投下資本×資本コスト（率）$$
$$\cdots\cdots<第2式>$$

$$＝\left[\frac{税引後営業利益（NOPAT）}{投下資本}（ROIC）－\frac{資本コスト（率）}{（WACC）}\right]×投下資本$$
$$\cdots\cdots<第3式>$$

　EVA®を向上させるためには，第3式から分かるように，「NOPATを高める」，「投下資本を減らす」，「WACCを下げる」の3つの方向性があります。

　第1の「NOPATを高める」ためには，高付加価値事業への投資が重要になります。企業が，個別の事業や大型プロジェクトへの投資を行う際には，将来見込まれる収益やコストを事前に試算し，投資の可否を意思決定します。その際に，EVA®を用いて，計画期間に見込まれるNOPATが資本コストを上回る事業へ投資するようにします。そうすることで，持続的な利益獲得が見込まれる事業を選別し，規模の拡大と採算性の確保を両立することができます。

　加えて，投下資本を増やさず，NOPATを増加させる収益改善の取り組みも重要です。先ほど説明した投資意思決定が，事業を始める前の取り組みであるのに対し，これは継続中の事業における取り組みです。売上増大や原価低減，

費用の効率化を通じて営業利益を高めるための様々な取り組みが含まれます。

　第2の「投下資本を減らす」ためには，事業の縮小や撤退を検討します。EVA®がマイナスの事業はその継続の可否を検討する必要があり，収益性のある他の事業への資本投下や資本のスリム化が適切であると判断されれば，事業の縮小や撤退の意思決定を行い，投下資本を回収します。

　第3の「WACCを下げる」ためには，資本コストを低減する必要があります。資本コストは株主や債権者などの出資者が求めるリターンであり，自己株式を取得し，資本構成を改善することで，EVA®を向上させることができます。また，出資者は，一般的に低リスクの案件には低利回り，高リスクの案件には高利回りを求めます。したがって，業績や財務体質が良好な状態を維持し，適切なリスク管理を行い，丁寧なIR（Investor Relations）活動に努めることによって，出資者の信頼感を高め，資本コストを抑えることができます。

● EVA®向上のための3つの方向性 ●

・NOPATを高める
・投下資本を減らす
・WACCを下げる

　2000年前後には，EVA®ブームと言われるほど注目を集め，70社以上の日本企業での導入が確認されましたが，その後，廃止する企業も増え，近年の導入企業も見当たりません。

　なぜ，EVA®の継続利用は難しいのでしょうか。その理由のひとつは，計算が複雑で，ステークホルダーへの浸透が困難なことです。投下資本や資本コスト，貸借対照表に関する十分な理解がなければ，EVA®の値が「何を意味するのか」を適切に理解することは難しくなります。そのため，EVA®を適用したものの実際には社内でもあまり利用されず，報告書などの会議資料やお題目のなかで数字のみがひとり歩きする状況に陥ってしまい，経営陣やマネジャーが実際に使いこなせる理解容易な利益指標に取って代わられるようになった企業

が少なくありません。

　また，EVA®は，NOPATから資本コストを引いて算出するため，損益計算書における利益金額が黒字（プラス）の状態でも，値がマイナスになることがあります。つまり，「EVA®をプラスにすること」自体が，経営目標として十分に高い水準だと言えます。営業利益などに比べてプラスにすることが容易ではないEVA®を目標値として設定し，社外にも実績値を発表することは，企業にとって，決して低いハードルではありません。

　EVA®にはどのような限界があるのでしょうか。一般的には，すでに説明した理解の困難性や値がマイナスになりやすい性質に加えて，1年間の短期的業績を表す指標であることから，経営が短期志向に陥るのではないかという懸念や，あくまでも結果指標であり，それ単体では将来の企業価値向上にとって，より重要な事業・業務プロセスを評価できないことなどが指摘されます。

　この短期志向性や結果指標であるという限界は，ROEなどの財務指標に共通する性質であり，単にEVA®を向上させることだけを考えれば，将来に向けた必要な投資を抑制し，一時的に利益を高める「数字合わせ」に走りかねないという懸念があります。したがって，EVA®を活用するためには，単に経営指標として導入するだけではなく，将来の利益獲得のための投資の確保やプロセス評価指標の併用などが求められます。

【参考文献】
○吉田栄介・花王株式会社会計財務部門（2020）『花王の経理パーソンになる』中央
　経済社。

Q15 財務指標（5）：Non-GAAPの財務KPI

会計原則に準拠しない財務KPIの利用が拡がっているのですか？

A

21世紀に入り，日本企業の財務報告においてもNon-GAAP指標が登場するようになります。Non-GAAP指標とは，一般に認められた会計原則（GAAP：Generally Accepted Accounting Principles）に準拠しない利益指標のことです。

Non-GAAP指標が財務報告に登場し始めるのは，1990年代後半の米国においてです。主な調整項目は，減価償却費やのれん等の償却費の足し戻しでした（中條，2019）。つまり，積極的な投資やM&A（合併と買収）を独自指標によって財務報告として開示しようとする動きでした。

● Non-GAAP指標 ●

・一般に認められた会計原則（GAAP）に準拠しない利益指標

【特徴】
　・IFRSや米国会計基準採用企業を中心に採用
　・Non-GAAPなので，監査法人のチェックは不要
　　──▶信頼性の欠如，会計不正リスク

【経緯】
　・1990年代後半の米国：減価償却費等の足し戻し
　・2000年代以降の日本：情報・通信，不動産業などを中心に登場

【2つの代表的な方向性】
　・日本基準の「営業利益」の類似指標：事業利益，調整後利益
　・キャッシュフロー指標：EBIT，EBITDAなど

　2000年代以降の日本でも，情報・通信業，不動産業，陸運業，サービス業において開示が進みます（中條，2019）。Non-GAAP指標を採用する日本企業は，IFRS（International Financial Reporting Standards：国際財務報告基準）や米国会計基準採用企業が多く，日本基準との開示情報の違いを埋めるために，Non-GAAP指標を開示しているようです。

　ただし，Non-GAAP指標ですので，監査法人のチェックは不要なため，信頼性の欠如や会計不正リスクを指摘する声もあります。

[図表Ⅱ-1]　日本企業におけるNon-GAAP指標の具体例

企　業	Non-GAAP 指標	算　式
味の素，カゴメ	事業利益	日本基準の営業利益±持分法による投資損益
ビール業界（キリン，アサヒ，サッポロ）	事業利益	日本基準の営業利益
中外製薬	コア実績	IFRS 実績から非経常事項（事業所再編，非継続事業，訴訟，環境対策の費用）や外部無形資産の取得を除外
電通	調整後営業利益	営業利益－買収に伴う無形資産の償却費，M&A 費用，固定資産の売却損益などの一時的要因
日本たばこ産業	調整後営業利益	営業利益－のれんの減損損失
ユニ・チャーム	コア営業利益	日本基準の営業利益（IFRS 基準の営業利益は開示せず）
エーザイ	キャッシュ・インカム	当期純利益＋固定資産償却費＋インプロセスR&D 費＋のれん償却費＋減損損失
ビール業界（キリン，アサヒ，サッポロ）	EBITDA	事業利益＋減価償却費＋α（三社三様）

【出所】『企業会計』2019年特集「Non-GAAP指標の取扱い」より作成。

　日本企業のNon-GAAP指標には，2つの代表的な方向性があります。

　ひとつは，IFRS適用に伴い，日本基準の「営業利益」の類似指標である「事業利益」や「調整後利益」を開示する動きです（図表Ⅱ-1）。

　例えば，「事業利益」です。同じ名称でも，味の素㈱やカゴメ㈱とビール業界とでは計算式が異なります。また，ビール業界で「事業利益」として開示される日本基準の営業利益は，ユニ・チャーム㈱では，「コア営業利益」と呼ばれ，

同じ利益概念でも企業によって名称が異なることがあります。

　㈱電通や日本たばこ産業㈱でも，IFRS基準の営業利益に何らかの調整を加えて，日本基準の頃と変わらない業績指標として，また他社との比較可能性を担保する指標として開示しています。

　中外製薬㈱の「コア実績」は，「IFRS実績」から非経常事項を調整したもので，「IFRS実績」のPL（損益計算書）から調整した「コア実績」のPLも開示しています。日本企業においては独特な取り組みですが，親会社のロシュや海外の製薬会社では多く見られます。

　もうひとつは，キャッシュフロー指標であるEBIT（Earning before Interest, and Taxes：利払前・税引前利益）やEBITDA（Earning before Interest, Taxes, Depreciation and Amortization：支払利息・税金・減価償却控除前利益）などを開示する動きです（**図表Ⅱ-1**）（➡ **Q&A 10**）。エーザイ㈱は「キャッシュ・インカム」という独自指標を開示しています。「キャッシュ・インカム＝当期純利益＋固定資産償却費＋インプロセスR&D（Research and Development：研究開発）費＋のれん償却費＋減損損失」の算式で計算されます。インプロセスR&D費とは，企業買収時に，他の研究開発には転用できない特定の研究開発目的に使用される資産・負債を一括計上するものです。

　また，ビール業界では，キリンホールディングス㈱，アサヒビール㈱，サッポロホールディングス㈱の3社がEBITDAを開示していますが，計算式は三者三様ですので，比較の際には注意が必要です。

　日本基準とIFRSの連結損益計算書の様式を比較して，「事業利益」の意味を考えてみましょう（**図表Ⅱ-2**）。

　まずは，日本基準とIFRSの「営業利益」の違いです。IFRSの営業利益は，日本基準では営業外収益・費用や特別損益だった項目を含みます。そのため，日本基準に慣れた日本企業には違和感があります。

　次に，IFRS採用企業で多く見られるNon-GAAP指標「事業利益」です。「事業利益」は，日本基準の「営業利益」に類似しています。その定義や計算式は企業によって異なりますが，基本的には，「事業利益＝売上収益－売上原価－

[図表Ⅱ-2]　日本基準とIFRSの連結損益計算書

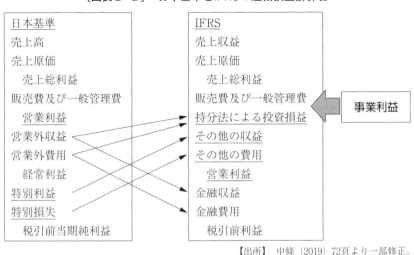

【出所】　中條（2019）72頁より一部修正。

「販売費及び一般管理費」の算式で計算されることが多いです。

【日本基準とIFRSの「営業利益」の違い】
・IFRSの営業利益は，日本基準では営業外収益・費用や特別損益だった項目を含む
・日本基準に慣れた日本企業には違和感
【IFRS採用企業で多く見られるNon-GAAP指標「事業利益」】
・日本基準の「営業利益」に類似
・事業利益＝売上収益－売上原価－販売費及び一般管理費

【参考文献】

○中條祐介（2019）「日本企業におけるNon-GAAP指標採用の論理」『企業会計』第71巻第9号，64-73頁。

○企業会計（2019）「特集　Non-GAAP指標の取扱い」『企業会計』第71巻第9号，21-80頁。

Q16　財務指標（6）：Non-GAAPの財務KPI＝花王のP&A

その他にも，経営管理目的で用いられる企業独自のKPIの事例はありますか？

A

　はい。花王㈱の利益指標「P&A（Profit and Advertisement）」を紹介します。花王は，管理会計（内部管理）目的のために，貸借対照表や損益計算書などの財務諸表の形式を変更しています。財務会計（外部公表）目的の損益計算書を一部抜粋したのが，**図表Ⅱ-3**の左側です。財務会計目的の損益計算書では，売上高から売上原価を引いて売上総利益を算出し，さらに販売費及び一般管理費（以下，販管費）を引いて営業利益を算出します。一方，花王の管理会計目的の損益計算書を一部抜粋したのが，**図表Ⅱ-3**の右側です。その特徴は，矢印で示す費用項目の組み替えとP&Aという利益概念にあります。

　計算手続きを具体的に説明します。まず，財務会計目的の損益計算書の売上原価を変動費と固定費に固変分解し，販管費も変動費と2つの固定費（MK費（マーケティング費用）とその他の費用）に区分します。固変分解するのは，売上増減に応じて変動する費用（変動費）と売上増減の影響を受けない費用（固定費）の影響とを区別し，容易に把握できるようにするためです。次に，売上高から変動製造原価と変動販売費（運送費など）を引いて，限界利益を算出します。限界利益は貢献利益とも呼ばれ，一般的に売上高から変動費を引いたものを指します。続いて，限界利益から製造固定費（固定製造原価）と販管費，研究開発費を引いて，P&Aと呼ぶ利益額を算出します。最後に，P&AからMK費（宣伝費，販促費，市場調査費）を引いて，営業利益を算出します。この営業利益額は，財務会計目的の損益計算書の営業利益額と一致します。

[図表Ⅱ-3]　花王㈱のP&A

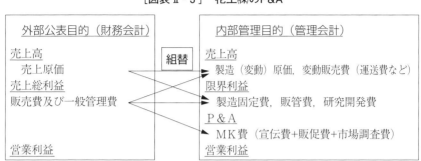

【出所】　吉田・花王㈱（2020）102頁，図表3-3より一部修正。

　販管費からMK費を独立させ，P&Aという利益額を算出するのは，ブランドマネジャー（商品ブランドの売上高や営業利益の責任者）が営業利益目標の達成に向けて，MK費の使途と投入金額を容易に検討できるようにするためです。ブランドマネジャーはP&Aの金額を見ることで，「予算（営業利益目標）達成のためには，MK費の何をどれだけ削ればよいか」など，具体的な施策の実施について，迅速に判断することができます。なお，新商品発売の際には，予想されるP&A（新商品発売による予想営業利益と予想MK費の合計値）が一定の金額に達することが，発売の条件にもなっています。

　ただし，花王におけるP&Aや営業利益予算は絶対的な目標ではありません。なぜならば，ブランド育成の観点からは予算達成が必ずしも長期的な最適解とは限らないためです。例えば，MK費の投入が，売上高や営業利益の増加などの効果をもたらすまでに一定の時間を要することもあります。その場合，営業利益額を意識し過ぎてMK費を削減することは，短期的な利益増加をもたらすものの，長期的な売上高や利益の増加，ブランドの育成などを抑制・阻害するかもしれません。そこで，ブランド育成の観点から，短期的には赤字になっても，将来の売上や利益の増加に向けてMK費を投入することもありえます。

【参考文献】
○吉田栄介・花王株式会社会計財務部門（2020）『花王の経理パーソンになる』中央経済社。

Q17 中期経営計画におけるKPI

中期経営計画におけるKPIにはどのような特徴があります
か？

A

　中期経営計画は，多くの大企業が任意で開示しており，3年から5年程度の
中期的なビジョンや事業戦略，財務的目標などが示されます。

　筆者の研究グループが実施した中期経営計画のKPIを対象にした調査結果の
一部を紹介しましょう（吉田他，2021）。

　調査対象は，日経平均株価採用銘柄225社（以下，日経225企業）の中期経営
計画です。計画に対する実績値を調査するため，2020年4月時点で公開されて
いる中期経営計画の1策定期間前（現行の中期経営計画から3年から5年前）の
中期経営計画としました。

　調査方法は，企業ホームページより中期経営計画，決算説明会資料から中期
経営計画における目標値を収集しました。加えて，有価証券報告書や決算短信
からは，中期経営計画策定年度および終了年度の実績値を収集しました。その
結果，日経225企業において，中期経営計画の公表企業は182社（80.1％）でした。

（1）　財務目標（数・指標・達成度）と非財務目標

　まず，中期経営計画で設定される財務目標数は平均4.61個（標準偏差2.79）で
した（**図表Ⅱ-4**）。なお，10個以上設定している企業9社のうち2社は，地域
別・セグメント別に目標を設定していました。

　次に，20社以上で設定されている9つの財務目標指標を**図表Ⅱ-5**に示しま
した。設定企業数の第1位が営業利益であり，売上高，ROE（Return on Equi-
ty：自己資本利益率）と続きます。

［図表Ⅱ-4］　中期経営計画において設定される財務目標数

財務目標数

8	33	30	34	26	15	17	7	3	9
1	2	3	4	5	6	7	8	9	10以上

企 業 数　　　　　　　　　(n=182)

【出所】　吉田他（2021）62頁。

［図表Ⅱ-5］　財務目標の達成・未達成企業間の比較

(n＝182)

財務目標	設定企業数（社）	財務目標平均達成度（％）	達成企業割合（％）
営業利益	119	100.33	42.86
売上高	108	96.07	34.26
ROE	92	93.16	50.00
営業利益率	60	97.20	40.00
当期純利益	55	80.37	45.45
D/E レシオ	38	120.79	65.79
経常利益	32	90.95	40.63
ROA	30	109.96	40.00
配当性向	23	115.81	100.00

（注）　ROA：Return on Assets：総資産利益率。

【出所】　吉田他（2021）64頁より一部抜粋。

　続いて，これら9つの財務目標の達成度についても**図表Ⅱ-5**に示しました。財務目標利用の上位9指標の達成企業割合は，7指標が3割強（売上高：34.26％）から5割（ROE：50.00％）の間で，残りの2指標は，D/Eレシオ（Debt Equity Ratio：負債資本倍率）65.79％，配当性向100.00％と高かったです。

　特に，配当性向はすべての企業が目標を達成していました。2016年6月時点ですでに終了している日経225企業の中期経営計画を対象に調査した円谷（2017）では，その他の財務目標（売上高，営業利益，当期純利益）の達成度にかかわらず，配当関連目標を達成した企業は69％でしたが，本調査結果から，そ

うした株主重視の安定配当の傾向は強まっていると言えます。

　以上の財務目標に関する調査に加え，非財務目標についても調査しました。その結果，非財務目標を掲げている企業は13社ありました。特徴的な取り組みとして，㈱三菱ケミカルホールディングスはサステナビリティの貢献度合いを数値化し，可視化したManagement of Sustainability（MOS）という指標を2011年度から公表しています。MOS指標は，「地球環境」，「ヘルスケア」，「社会から信頼される企業としての取り組み等」に関連する３つの項目に区分し，各指標の進捗状況を独自のポイント換算により定量的にモニタリングして管理しています。

　また，味の素㈱は，18カ月にわたりESG（Environment, Social, Governance）の非財務目標について議論し，「世界に類を見ないユニークな目標」（日経ビジネス，2018, 62頁）を掲げています。具体的には，「肉や野菜の摂取量」や「共食（食事を共にする）の場を増やす」といった独自の非財務目標を掲げ，中核事業の社会への貢献度を数値化しています。また，財務指標と非財務指標を統合することで，持続可能な開発目標（SDGs: Sustainable Development Goals）への貢献を明確に打ち出しています。

（2）　財務目標の組み合わせ

　中期経営計画における財務目標の組み合わせについても調査しました。

　まず，財務目標（指標）を，その発展段階に沿って，P/L（損益計算書），B/S（貸借対照表），C/F（キャッシュフロー）関連，資本効率の４種類に分類しました（**図表Ⅱ-6**）。日本企業は，高度経済成長期以降，売上高を中心としたP/L重視の経営を行ってきました。その後，株式市場よりも銀行からの借入金を原資としてきた日本企業の特徴として，銀行への借金返済の必要性から，企業の安全性を測るための指標としてB/S指標への注目が増してきました。さらには，発生主義会計の限界からキャッシュフロー重視の経営へと転換する機会が幾度か訪れており，最終的には，株式市場の成熟とともに，資本効率を重視する経営と発展するモデルが理論的には想定されます。

　なお，非財務目標（構造改革効果やMOS指標，販売台数，ESG関連指標など）を掲げている企業（13社）もありましたが，財務目標を基準に分類しました。

[図表Ⅱ-6]　財務目標の4分類

財務目標の 4分類	目標（指標）の例
①P/L	売上高，営業利益，売上高営業利益率，経常利益，当期純利益，事業利益，EBITDA（Earning before Interest, Taxes, Depreciation and Amortization：支払利息・税金・減価償却控除前利益），EPS（Earnings Per Share：1株当り当期純利益），研究開発費，減価償却費
②B/S	自己資本比率，D/E レシオ，設備投資額，総資産額，純資産額
③C/F	営業CF，FCF（Free Cash Flow：フリー・キャッシュフロー），FCEF（ファイナンス事業を除くフリー・キャッシュフロー）
④資本効率	ROA，ROE，ROIC（Return on Invested Capital：投下資本利益率），配当性向，総還元性向，1株当り配当金，DOE（Dividend on Equity Ratio：株主資本配当率），EV（Enterprise Value：事業価値）/EBITDA倍率

【出所】　吉田他（2021）65頁。

　次に，この財務目標の4分類に基づき，企業を分類しました（図表Ⅱ-7）。なお，金融機関10社は，経費率や普通株式Tier1比率といった金融業特有の指標を設定しているため除外し，172社を対象としました。

[図表Ⅱ-7]　財務目標分類に基づく企業分類

(n=172)

財務目標の組合せ	P/L のみ	P/L +B/S	P/L +資本効率	P/L+B/S +資本効率（+C/F）	その他
企業数（社）	53	21	45	48	5
達成財務目標割合（%）	49.78	37.43	49.54	46.42	60.00

【出所】　古田他（2021）66頁。

　その結果，「P/L指標のみ」の企業が53社と最も多く，次に「P/L指標＋B/S指標＋資本効率指標（＋C/F指標）」の企業が48社（そのうちC/F指標設定企業は9社），「P/L指標＋資本効率指標」の企業が45社，「P/L指標＋B/S指標」の企業が21社と続きます。

　また，「その他」に分類された企業は，「B/S指標のみ」が1社，「資本効率指標のみ」が1社，「B/S指標＋資本効率指標」が1社，「P/L指標＋C/F指標」が1社，「P/L指標＋B/S指標＋C/F指標」が1社でした。

　つまり，中期経営計画で掲げる財務指標を4分類し，企業を分類した結果，P/L指標，B/S指標，資本効率指標を設定する企業は多い一方，C/F指標を設定する企業はわずかでした。財務指標の発展段階からは，P/L指標，B/S指標，C/F指標，資本効率指標の順を想定していましたが，キャッシュフロー重視経営よりも株主重視の経営（資本効率）のほうが受け入れられているようです。

　財務目標の組み合わせについて，本調査と同じく日経225企業を対象にした北平・柿澤（2013）では，売上高，営業利益の絶対額を重視する一方，C/F指標や資本効率指標を掲げる割合は低かった（売上高は67％，営業利益は63％と高い割合で設定されているのに対し，C/F指標の営業CFは5％，FCFは6％，その他CFは2％，資本効率指標のROEは37％，ROAは18％，ROICは6％と低くなっている）のですが，本調査では，企業分類時には除外した金融機関10社を含めた182社のうちROEは92社で設定されている（**図表Ⅱ-5**）など，資本効率指標を掲げる割合は北平・柿澤（2013）と比べて高くなっています。

　資本効率指標の設定企業が多かったのは，2014年の通称「伊藤レポート」で提唱された「ROE8％目標」の影響もあると考えられます。櫻井（2020）でも，「伊藤レポート」前までは中期経営計画の目標にROEを挙げる企業はほとんど見られませんでしたが，その後，増加していることが指摘されています。さらに，資本効率指標は，P/L指標とは異なり，企業の自主的な判断で自己株式の消却や配当金額の設定ができるといった性質もあり，目標達成可能性の高い指標と言えます。

　なお，5つの企業分類間の差の検定（分散分析）を実施しましたが，達成財務目標割合について，統計的に有意な差は確認されませんでした。

【参考文献】

○北平至・柿澤健一朗（2013）「中長期的な企業戦略のあり方について─投資家の期待を踏まえたあるべき姿」『Mizuho Industry Focus』。URL：https://www.mizuhobank.co.jp/corporate/bizinfo/industry/sangyou/pdf/mif_126.pdf

○櫻井通晴（2020）「コーポレートガバナンス・コードの制定とROE活用の是非」『管理会計学』第28巻第 2 号，3-24頁。

○円谷昭一編著（2017）『コーポレート・ガバナンス「本当にそうなのか？」大量データからみる真実』同文舘出版。

○吉田栄介・藤田志保・岩澤佳太（2021）「中期経営計画の特性と目標達成：日経225企業を対象として」『三田商学研究』第64巻第 4 号，59-75頁。

○「シリーズ 5　味の素　西井孝明社長の世界に「正射必中」No.3 Lecture「サステイナブル」を経営の軸に据える」『日経ビジネス』2018年10月15日号，62-65頁。

Q18　ESG経営のKPI（1）：開示基準を巡る動向

ESG情報の開示基準を巡る動きはどのようなものがありますか？

A

2006年，ESG投資の世界的なプラットフォームである国連責任投資原則（PRI：Principles for Responsible Investment）が，国連主導で発表されました。ESG投資とは，従来の財務情報に加えて，環境（Environment），社会（Social），ガバナンス（Governance）の視点を考慮した投資です。

日本では，2015年に年金積立金管理運用独立行政法人（GPIF：Government Pension Investment Fund）が国連責任投資原則に署名して以降，ESG投資は拡がりを見せています。

また，ESGの観点は投資家だけではなく，企業経営においても積極的に取り組むESG経営が注目されています。企業がESG経営に取り組むためには，既存の財務諸表（貸借対照表，損益計算書，キャッシュフロー計算書）では，環境（Environment）や社会（Social）についての損益は表現されておらず，新たなESG測定・開示のための枠組みが必要になります。

そこで，国際財務報告基準（IFRS：International Financial Reporting Standards）を策定する国際会計基準機構（IASB：International Accounting Standards Board）では，会計基準とは異なる任意の枠組みとして，非財務情報についての記述的説明を含めた Management Commentary（MC：経営者による説明）のガイダンス案の作成作業を進めています。目的適合性があり（relevant），忠実で（faithful），比較可能で（comparable），信頼できる（reliable）情報を提供することを目指し，2022年秋までに最初の基準を起草するという計画が示されて

います。

　IFRSにおける開示基準策定の動き以外にも，ESG情報を開示するための多くの基準がすでに提唱されています。GRI（Global Reporting Initiative）スタンダード，国際統合報告（International Integrated Reporting Council）フレームワーク，SASB（Sustainability Accounting Standards Board）スタンダード，CDSB（Climate Disclosure Standards Board）フレームワーク，TCFD（Task Force on Climate-related Financial Disclosures：気候関連財務情報開示タスクフォース）提言など，開示基準が乱立している状況ですが，近年では，基準の統一への動きも見られます（藤野，2021；藤野・大和，2021）。

　他にも，ESG情報の開示基準を巡る動きだけでなく，SDGs（Sustainable Development Goals：持続可能な開発目標）の達成や，ESG経営の高度化を目指す取り組みがあります。

　例えば，WBA（World Benchmarking Alliance：国連財団，英保険会社のAviva，オランダのNGO Index Initiativeを中心に2018年に設立）は，SDGsの達成に向けて，「社会」，「農業・食」，「脱炭素・エネルギー」，「循環」，「デジタル」，「都市」，「金融システム」の7つの領域での構造変化を目指し，主要なプレイヤーとなる企業群全2,000社を特定し，パフォーマンスを評価するためのベンチマーク指標を2023年までに開発する活動を進めています。

【参考文献】

○藤野大輝（2021）「ESG情報の開示基準は統一へ向かうのか：開示基準設定機関の協調，IFRSでの検討，各国・地域での対応が進む」大和総研レポート。URL：https://www.dir.co.jp/report/research/capital-mkt/esg/20210205_022077.pdf
○藤野大輝・大和敦（2021）「乱立するESG情報の開示基準とその現状：ESGに積極的な企業は主要な各種基準の特徴や違いを把握すべき」大和総研レポート。URL：https://www.dir.co.jp/report/research/capital-mkt/esg/20210112_022016.pdf

Q19　ESG経営のKPI（2）：企業事例

　ESG経営やSDGsの達成に向けたKPIの設定について，企業の具体的な取り組みはありますか？

A

　Q&A17で紹介した㈱三菱ケミカルホールディングスや味の素㈱以外にも，ESG経営やSDGsの達成に向けたKPIの設定についての先端的な取り組みがありますので，紹介しましょう。

（1）　花王㈱

　2005年のCSR（Corporate Social Responsibility）レポート以降，LIME（Life-cycle Impact assessment Method based on Endpoint modeling）などのライフサイクルアセスメント（LCA：Life Cycle Assessment）の仕組みを活用してきました。この頃は，初期の取り組みとして環境負荷係数に基づいて，製品の環境への影響を金額化しています。

　2017年，WBCSD（World Business Council for Sustainable Development）が主導する企業価値の再定義プロジェクト（Redefining Value Project）の考え方を参考に，事業活動によるインパクトの数値化（社会的インパクト評価：Study on returned to Kao's stakeholders 2017）を試行しています。

　2018年，ESG委員会を立ち上げ，ESG経営に取り組み始めます。

　2019年4月には新しいESG戦略を発表しています。「サステナビリティデータブック 2019」においては，LCAを用いた製品の環境影響評価に関する係数を見直し，対象品目も主要な35製品分類に拡大しています。

　「花王サステナビリティレポート 2019」においては，コスト低減あるいは収益拡大（事業インパクト）と社会におよぼす効果（社会的インパクト）を共通フ

レームとして記載しています。また，19の重点テーマ（「ユニバーサル・プロダクト・デザイン」，「責任ある原材料調達」，「脱炭素」，「人財開発」など）を設定し，指標（KPI），目標値，目標年とSDGs（Sustainable Development Goals：持続可能な開発目標）の17目標のどれに当てはまるのかを表記しています。

【出所】　花王株式会社ESG部門ESG戦略部部長畑中晴雄「花王のESG戦略と効果検証の試み」（第3回CSR研究会，2019年10月17日）報告資料より。企業活力研究所（2020）89-94頁に所収。

（2）　オムロン㈱

　2017年からの中期経営計画において，サステナビリティ（sustainability）を企業理念（2015年に改訂）の実践と位置づけ，サステナビリティ重要課題を中期経営計画に統合しました。オムロンの中期経営計画は，企業理念に基づき，社会的課題を解決することを目指すものと考えられています。

　中期経営計画との統合にあたって，サステナビリティ重要課題・目標を「事業を通じて解決する社会的課題」，「ステークホルダーからの期待に応える課題」の2軸で設定しています。サステナビリティ重要課題・目標を達成することは，中期経営計画の達成に繋がり，結果として企業価値が高まるととらえています。

　2017年，取締役会はサステナビリティ方針を設定し，サステナビリティ重要課題への監視・監督機能を果たすようになります。一方，執行部門は取り組みを実行し，執行会議で目標設定，見直し等を議論し，取締役会に報告します。執行部門には，業績目標とサステナビリティ目標の双方の達成が求められています。また，社内取締役および執行役員の中長期業績連動報酬に，第三者機関の調査に基づくサステナビリティ指標を組み込んでいます。

　サステナビリティ目標の設定にあたっては，定量目標だけでなく定性目標でも，また結果目標だけでなくプロセス目標でもよいことになっています。いずれにしても，社会的価値の拡大に繋がるものや，社員にとって分かりやすく，ポジティブでモチベーション向上に繋がるものがよいと考えられています。

【出所】　オムロン株式会社サステナビリティ推進室エンゲージメント推進部長松古樹美「オムロンにおけるサステナビリティの取り組み」（第4回CSR研究会，2019年11月14日）報告資料より。企業活力研究所（2020）102-107頁に所収。

（3）　㈱日立製作所

　2019年5月に発表した中期経営計画において，3つの価値（社会価値，環境価値，経済価値）の重視を掲げ，事業が創出する非財務価値（社会価値・環境価値）の見える化の実現可能性を探っています。

　まず，事業が創出する非財務価値（社会価値・環境価値）の見える化の目的は，3つあります。

　第1に，「お客様への事業価値訴求の差別化」です。スペックや価格とは違う面で，製品・サービスの差別化となります。お客様やその先にある社会に与える社会価値・環境価値を，定量的な表現を含めロジカルに訴求できる仕掛けを目指しています。

　第2に，「事業戦略会議等の審議での活用」です。従来の事業戦略会議は，翌年度に向けた財務面での戦略を検討する会議でしたが，中期経営計画で示した3つの価値重視の経営の具現化に向けて非財務面についても議論し，そのためのガイドラインとして活用することを意図しています。

　第3に，「投融資判断時での活用」です。2018年から，投融資の伺い書に，「案件がESGやSDGsにどう貢献するのか」を記入する欄を設けており，この欄を記載する際のガイドラインとなることも意図しています。

　次に，事業が創出する非財務価値（社会価値・環境価値）の見える化は，3つのステップで行っています。

　第1に，「見える化の対象事業の選定」です。例えば，事業戦略会議で活用する場合には，会議の審議対象となる主要事業が対象となります。

　第2に，「社会価値・環境価値と経済価値の特定」です。候補となる価値項目は，ISO26000，国際金融公社（IFC：International Finance Corporation）のガイドライン，SDGsなどを参照し，サステナビリティ推進本部であらかじめリ

スト化し，事業部門にはリストに基づいて特定しています。

　第 3 に，「特定した価値をストーリーでまとめる」です。リスト項目に対するポジティブ・ネガティブインパクトを定量的または定性的に整理し，特定した価値をストーリーでまとめます。

　その際に，直接のお客様への価値，お客様のお客様への価値，その先の社会への価値の 3 つに分けて整理しようとしています。例えば，直接のお客様が鉄道会社だとすると，その乗客がお客様のお客様であり，その乗客を構成する社会が最終価値になります。

　ストーリーの方向性では，あるべき社会像からバックキャスティング（backcasting：将来のあるべき姿を想定し，そこを起点に現在何をすべきかを逆算する発想法）して事業を検討するのか，フォアキャスティング（forecasting：現状分析から未来を予測する発想法）して現在の事業をベースに価値を生み出していくストーリーを展開するのかといった議論がありますが，事業部門にとっての分かりやすさを考慮し，両方を視野に入れて進めることが大事だと考えられています。

【出所】　株式会社日立製作所サステナビリティ推進本部企画部部長増田典生委員「日立のサステナビリティ戦略のご紹介―社会価値・環境価値・経済価値を重視する経営の具現化に向けて―」（第 5 回 CSR 研究会，2019 年 12 月 16 日）報告資料より。企業活力研究所（2020）108-112 頁に所収。

【参考文献】

○一般財団法人企業活力研究所（2020）「SDGs 達成へ向けた企業が創出する『社会の価値』への期待」に関する調査研究報告書。
　URL：https://www.meti.go.jp/policy/economy/keiei_innovation/kigyoukaikei/rcsrkenkyukaihoukokusyo.pdf

Q20　ESG経営のKPI（3）：
　　　　ESG会計の取り組み

　他にも，会計にESG項目を統合しようとする取り組みは
ありますか？

A

　はい。いくつもの取り組みがありますが，ハーバード・ビジネス・スクール（Harvard Business School）のジョージ・セラフェイム（George Serafeim）教授らが提唱する「インパクト加重会計」（IWA：Impact-Weighted Accounts）と，エーザイ㈱の柳良平専務執行役CFO（Chief Financial Officer）の主導するESG関連のKPIと企業価値向上を関連づける取り組みについて紹介しましょう。

（1）　インパクト加重会計

　2019年，ハーバード・ビジネス・スクールのジョージ・セラフェイム教授らはインパクト加重会計イニシアチブ（IWAI：Impact-Weighted Accounts Initiative）を設立し，インパクトを貨幣換算し，インパクトと利益を統合することで，インパクトを既存の会計システムに組み込む新しい手法を提示しました。

　インパクトとは，収益に影響する「製品インパクト」，損益計算書上の従業員関連の支出に影響する「従業員インパクト」，売上原価に影響する「環境インパクト」を指します。

　好ましい製品インパクトは収益を向上させ，好ましい従業員インパクト（従業員研修費用など）は，経営陣が従業員関連の支出を単なる費用ではなく，将来の収益に繋がる投資とみなしているという強いシグナルを投資家に送ることになります。また，負の環境インパクトは，厳しい新規制の導入を促し，売上原価の増大に繋がりかねないと主張されます（セラフェイム，2021）。

　2020年7月，インパクト加重会計イニシアチブは，1,800社の環境影響コストを調査・公表しています。この調査では，多くの企業がEBITDAを上回る環境コストを生み出していることが明らかになりました。具体的には，2018年にEBITDA（➡ **Q&A 10**）がプラスになった1,694社のうち，252社（約15％）では，自社が引き起こした環境負荷によって利益がマイナスになり，543社（約32％）ではEBITDAが25％以上減少することになります（熊沢，2021）。

　インパクト加重会計は，こうしたネガティブな側面だけでなく，製品・サービスや雇用がもたらすポジティブなインパクトも定量化できるという特徴があります。例えば，インテル社は，2018年に，失業率の高い地域に雇用を創出し，約39億ドルのプラスのインパクトをもたらしています（Freiberg, et. al., 2020）。

（2）　エーザイのESG関連KPIと企業価値向上（柳，2021）

[図表Ⅱ-8]　エーザイのESG関連のKPIと企業価値との関係

ESG の主要指標	10%アップによるPBR(注)への影響	何年後に相関するか
調剤薬局の取引先件数	33%増	1年以内
障がい者雇用率	33.5%増	10年以上
人件費	13.8%増	5年後
医薬品承認の国内取得数	2.5%増	4年後
女性管理職比率	2.4%増	7年後
管理職社員数	31.4%増	10年以上
育児時短勤務の利用者数	3.3%増	9年後
研究開発費	8.2%増	10年以上

（注）　企業価値をPBR（Price Book-Value Ratio：株価純資産倍率）で測定。

【出所】　柳（2021）66頁。

　エーザイは近年，ESGを重視した財務戦略を掲げ，短期的な収益改善を図るのではなく，長期的な企業価値の向上を目指しています。具体的には，「10年間の平均ROE10％超え」を掲げ，2019年度に平均ROE11.1％を達成しています。

　加えて，ESG関連のKPIを88種類選び，平均12年間さかのぼって企業価値との関係を調べています。その結果の一部を**図表Ⅱ-8**に示しました。人件費を

例にとると，「人件費を10％高めると，5年後にPBRが13.5％高まる」ことを示しています。

　また，2020年の統合報告書では，「ESG EBIT」（ESGの営業利益＝営業利益＋研究開発費＋人件費）として，ESGに基づく損益計算書（ESG Value-Based損益計算書）を公表しています。

　さらに強調しておくと，エーザイの人件費と研究開発費が，5年後，10年後の企業価値の向上に結びつくことは**図表Ⅱ-8**の実証データからも示されています。

　こうした取り組みを通じて，短期志向の投資家から「人件費と研究開発費を削って，足元の業績を上げろ」と言われたときに，「これらは費用ではなく，投資である」と言い返せる証拠を示すことができるようになっています。

【参考文献】

○Freiberg, D., Panella, K., Serafeim, G. and T. R. Zochowski (2020) *Accounting for Organizational Employment Impact.*
　URL：https://papers.ssrn.com/sol3/papers.cfm?abstract_id=3707740#
○熊沢拓（2021）「インパクト加重会計イニシアティブの概要と展望：会計とインパクトが統合される未来のインパクト投資像」『月間資本市場』第428号，46-54頁。
○ジョージ・セラフェイム（2021）「ESG戦略で競争優位を築く方法」『ダイヤモンド・ハーバード・ビジネスレビュー』1月号，30-44頁。
○柳良平（2021）「エーザイで実証した評価モデルから導くESGの「見えざる価値」を企業価値につなげる方法」『ダイヤモンド・ハーバード・ビジネスレビュー』1月号，58-71頁。

第5章

BSCによるKPIマネジメント

Q21 BSCの基礎

KPIマネジメントのための経営手法として有名なBSC（Balanced Scorecard：バランスト・スコアカード）とは，どのような手法ですか？

A

財務KPIだけでなく，非財務KPIも包含する戦略マネジメント・システムとして知られるBSCについて，（1）BSCの変遷，（2）BSCのキーワード，（3）BSCのキーワードと戦略マップとの関係性，（4）BSCの基本ステップについて説明します。

（1） BSCの変遷

まず，BSCの変遷について見ていきましょう。

① BSCの登場

1990年頃の米国では，長期的な企業価値向上を犠牲にしてでも短期的な財務業績を上げようとする企業行動を誘発する業績評価のあり方が問題視されていました。そこで，そうした短期的利益偏重の業績評価への対案として，Kaplan and Norton（1992）の論文において，BSCは，Harvard Business Review誌に発表されました。

発表当時のBSCは，財務の視点だけでなく，顧客の視点，内部ビジネス・プロセスの視点，学習の視点の4つの視点を総合することで，より健全な業績評価システムを志向するものでした。

② 戦略マップの重視

その後，BSCの4つの視点における戦略目標間の因果関係を明らかにすること（戦略の記述）の重要性が強調され，戦略マップ（strategy map）が，Kaplan and Norton（2001）において提唱されます。

こうして，BSC（スコアカード）による当初の業績評価システムから発展し，戦略マップを使った戦略のコミュニケーション・ツールを志向するようになります（Kaplan and Norton, 2004）。

③ 事業戦略マップの垂直・水平展開

Kaplan and Norton（2006）では，これまで事業戦略ごとに論じられてきた戦略マップを，全社から事業本部・事業部へと下方展開するとともに，事業支援部門などへの水平展開の方法も議論するようになります。

● BSCの変遷 ●

【BSCの登場】（Kaplan and Norton, 1992, 1996）
・当時の米国企業の短期・財務業績偏重の業績評価への対案として，Harvard Business Review誌に論文発表
・業績評価システムを志向

【戦略マップの重視】（Kaplan and Norton, 2001, 2004）
・BSCの4つの視点における戦略目標間の因果関係を明らかにすること（戦略の記述）の重要性を強調
・戦略のコミュニケーション・ツールを志向

【事業戦略マップの垂直・水平展開】（Kaplan and Norton, 2006）
・事業戦略ごとに論じられてきた戦略マップを，全社から事業本部・事業部へと下方展開，事業支援部門などへの水平展開の方法を議論

【戦略マネジメント・システムとしての全貌】（Kaplan and Norton, 2008）
・BSCや戦略マップを中心に，戦略と業務を統合するための6つのステップを明示
・戦略の遂行を担当する戦略マネジメント・オフィスの役割・機能を議論

④ 戦略マネジメント・システムとしての全貌

Kaplan and Norton（2008）では，BSCや戦略マップを中心に，戦略と業務を統合するための6つのステップを明示し，戦略の遂行を担当する戦略マネジメント・オフィスの役割・機能を議論するなど，彼らの提唱する戦略マネジメント・システムとしての全貌が明らかになりました。

（2） BSCのキーワード

次に，BSCのキーワードを見ていきましょう。

BSCの最大の特徴は，財務の視点，顧客の視点，内部ビジネス・プロセスの視点，学習の視点の4つの視点にあります。

「財務の視点」は，株主や債権者のためにどのように行動すべきかの視点で，財務的業績目標を測定します。KPI（Key Performance Indicator：重要業績指標）の一例を挙げると，経常利益，ROI，ROE，EVA®，売上高利益率などです（➡ **Q&A 11，14，27**）。

「顧客の視点」は，顧客のためにどのように行動すべきかの視点で，顧客（内部・外部）や市場セグメントごとの業績目標を測定します。KPIの一例を挙げると，市場シェア，新規顧客の獲得数，クレーム発生率などです。

「内部ビジネス・プロセスの視点」は，財務目標や顧客満足に貢献するためにビジネス・プロセスをいかに改善するかの視点で，業務効率やビジネス・プロセスの改善成果を測定します。KPIの一例を挙げると，開発効率，生産リードタイム，改善施策提案数などです。

「学習と成長の視点」は，企業の長期的成長のために個人の能力・スキルをいかに向上させるかの視点で，人材への投資や知的財産の蓄積を測定します。KPIの一例を挙げると，特許取得件数，社員教育投資金額，従業員満足度などです。

● BSCのキーワード：（1）4つの視点 ●

【財務の視点】
- ・株主や債権者のためにどのように行動すべきかの視点
- ・財務的業績目標の測定

　　＜KPI例＞経常利益，ROI，ROE，EVA®，売上高利益率，……

【顧客の視点】
- ・顧客のためにどのように行動すべきかの視点
- ・顧客（内部・外部）や市場セグメントごとの業績目標の測定

　　＜KPI例＞市場シェア，新規顧客の獲得数，クレーム発生率，……

【内部ビジネス・プロセスの視点】
- ・財務目標や顧客満足に貢献するために，ビジネス・プロセスをいかに改善するかの視点
- ・業務効率やビジネス・プロセス改善成果の測定

　　＜KPI例＞開発効率，生産リードタイム，改善施策提案数，……

【学習と成長の視点】
- ・企業の長期的成長のために，個人の能力・スキルをいかに向上させるかの視点
- ・人材への投資や知的財産の蓄積の測定

　　＜KPI例＞特許取得件数，社員教育投資金額，従業員満足度，……

● BSCのキーワード：（2）戦略目標，尺度，目標値，戦略的実施項目 ●

【戦略目標】
- それぞれの「視点」における達成目標
  <例>収益性の改善，顧客ロイヤリティの向上，……

【尺度】
- 「戦略目標」に対する組織メンバーの努力の方向性を一致させるために決める測定対象
  <例>売上高営業利益率，顧客との取引回数，……

【目標値】
- 「尺度」について定量的に示されるターゲット
- ストレッチ・ターゲット（現状では達成困難な挑戦的目標）が望ましいとされる
  <例>売上高営業利益率2割改善，取引回数12回（従来は10回），……

【戦略的実施項目】
- 「目標値」を達成するために実施するプロジェクト
  <例>業務プロセスのムリ・ムダ・ムラの排除，自社製品の陳列に関する提案，……

　BSCでは，戦略目標，尺度，目標値，戦略的実施項目という用語も使われます。

　「戦略目標」とは，4つの「視点」それぞれにおける達成目標で，例えば，収益性の改善，顧客ロイヤリティの向上などです。

　「尺度」は，「戦略目標」に対する組織メンバーの努力の方向性を一致させるために決める測定対象で，例えば，売上高営業利益率，顧客との取引回数などです。

　「目標値」は，「尺度」について定量的に示されるターゲットで，ストレッチ・ターゲット（現状では達成困難な挑戦的な目標）が望ましいとされます。例えば，売上高営業利益率の2割改善や，従来は10回であった取引回数を12回に増やすなどです。

　「戦略的実施項目」は，「目標値」を達成するために実施するプロジェクトの

ことで，例えば，業務プロセスのムリ・ムダ・ムラの排除，自社製品の陳列に
関する提案などです。

（3）　BSCのキーワードと戦略マップの関係性

　続いて，BSCのキーワードと戦略マップの関係性について，見てみましょう。
　まず，戦略マップ（**図表Ⅱ-9左**）における縦の因果連鎖です。4つの視点そ
れぞれにおける戦略目標は，学習と成長の視点から内部プロセスの視点，顧客
の視点，最後に，財務の視点へと繋がります。すべての戦略目標が4つの視点
のすべてに繋がる必要はありませんが，必ず，どの戦略目標も財務の視点に繋
がる矢印が描かれます。
　図表Ⅱ-9とは違う例を挙げれば，財務の視点における収益性の改善という
戦略目標には，顧客の視点における顧客ロイヤリティの向上，内部ビジネス・
プロセスの視点における新製品の市場投入，変動費の削減，学習と成長の視点
における原価管理や改善活動に関する教育機会の増大，顧客データ分析のため
のIT投資の拡大などから矢印が繋がります。
　次に，戦略マップにおける戦略目標から，BSC（スコアカード）における尺
度と目標値，さらにはアクションプランにおける戦略的実施項目へと繋がる横
の因果連鎖です（**図表Ⅱ-9右**）。
　こちらも**図表Ⅱ-9**とは違う例を挙げれば，収益性の改善という戦略目標に
ついては，時には定性的に表現される戦略目標について，定量的に測ることの
できる売上高営業利益率などの尺度を決め，売上高営業利益率の20ポイント改
善などの具体的な目標値を設定します。通常，この目標値は年度目標ですので，
目標達成に向けたアクションプラン（実施計画）を立て，戦略的実施項目を月
次管理します。

[図表Ⅱ-9]　BSCと戦略マップの関係性

横の因果連鎖 →

縦の因果連鎖

戦略マップ		スコアカード		アクションプラン	
プロセス：業務管理 テーマ：地上の折り返し	戦略目標	尺度	目標値	戦略的 実施項目	予算
財務の視点 （利益とRONA） （収益増大）（機体の減少）	■収益性 ■収益増大 ■機体の減少	■市場価値 ■座席の収益 ■機体の 　リース費用	■年成長率30% ■年成長率20% ■年成長率5%		
顧客の視点 （より多くの顧客を誘引し維持） （定刻の発着）（最低の価格）	■より多くの 　顧客を誘引 　し維持する ■定刻の発着 ■最低の価格	■リピート客 　の数 ■顧客数 連邦航空局 定刻到着評 価 ■顧客の 　ランキング	■70% ■毎年12%の 　増加 ■第1位 ■第1位	■CRMシス 　テムの実施 ■クオリティ 　マネジメン 　ト ■顧客ロイヤ 　ルティ・プ 　ログラム	$XXX $XXX $XXX
内部プロセスの視点 （地上での迅速な折り返し）	■地上での 　迅速な折り 　返し	■地上滞在 　時間 ■定刻出発	■30分 ■90%	■サイクルタ 　イムの改善 　プログラム	$XXX
学習と成長の視点 [戦略的な業務駐機場係員] [戦略的システム係員の配置] （地上係員の方向づけ）	■必要なスキ 　ルの開発 ■支援システ 　ムの開発 ■地上係員の 　戦略への 　方向づけ	■戦略的業務 　のレディネ 　ス ■情報システ 　ムの利用可 　能性 ■戦略意識 ■地上係員の 　持株者数割 　合	■1年目70% 　2年目90% 　3年目100% ■100% ■100% ■100%	■地上係員 　の訓練 ■係員配置 　システム 　の始動 ■コミュニ 　ケーション・ 　プログラム ■従業員持 　ち株制度	$XXX $XXX $XXX $XXX
				予算総額	$XXX

【出所】　Kaplan and Norton（2004）p.53，伊藤（2014）16頁。

（4）　BSCの基本ステップ

最後に，BSCと戦略マップ作成の基本ステップを見ていきましょう。

①　ビジョン（中期的な到達状況）の設定

まずは，企業・事業の中期的な将来の到達目標を示すビジョンを設定します。

日本企業ではビジョン主導型の戦略策定は稀ですが，中期経営計画を策定する企業は多いので，従来の中期経営計画策定プロセスとの関係を比較してみるとよいでしょう。

中期経営計画を前年度実績ベースで策定する企業にとっては，BSCを導入すると，計画策定プロセスがずいぶんと変わります。つまり，ビジョンの設定から始まり，戦略を策定し，BSCに展開した後，3年から5年程度の中期経営計画を策定します。そこから年度事業計画を立て，部門予算へと下方展開していきます。

②　財務の戦略目標の設定

ビジョンの設定以降のステップに話を戻すと，次に，「財務の視点」の戦略目標を設定します。例えば，収益性の向上，新規顧客セグメントにおける売上拡大などです。

③　戦略マップの作成

続いて，戦略のロジック（縦の因果連鎖）を，4つの視点の戦略目標へと展開します。つまり，財務の視点の戦略目標を達成するために必要な戦略目標を決め，因果関係の仮説を立てていきます。

④　戦略目標ごとの尺度（KPI）・目標値の設定，戦略的実施項目（アクショ
　　ンプラン）の策定

　最後に，戦略マップにおける戦略目標から，BSC（スコアカード）における
尺度と目標値を設定し，さらにはアクションプランにおける戦略的実施項目を
策定していきます（横の因果連鎖）。尺度は，月次で戦略的実施項目の実施状況
を確認できる「事前指標」と，1年後の成果を測定するための「事後指標」と
を設定します。

● BSCの基本ステップ ●

①　ビジョン（中期的な到達状況）の設定
　　・日本企業ではビジョン主導型の戦略策定は稀
　　・従来の中期経営計画策定プロセスとの関係性
　　　・前年度実績ベースの計画策定
　　　・ビジョン──→戦略──→BSC──→中期経営計画──→年度事業計画──→部門予
　　　　算
②　財務の戦略目標の設定
　　・まずは「財務の視点」の戦略目標を設定
　　　＜例＞収益性の向上，新規顧客セグメントにおける売上拡大，……
③　戦略マップの作成
　　・戦略のロジック（縦の因果連鎖）を，4つの視点の戦略目標へと展開
　　・縦の因果連鎖
④　戦略目標ごとの尺度（KPI）・目標値の設定，戦略的実施項目（アクション
　　プラン）の策定
　　・尺度は，月次で戦略的実施項目の実施状況を確認できる「事前指標」と，1
　　　年後の成果を測定するための「事後指標」とを設定
　　・横の因果連鎖

【参考文献】

○Kaplan, R. S. and Norton, D. P. (1992) The Balanced Scorecard-Measures that Drive Performance, *Harvard Business Review*, January-February, pp.71-79.（本田桂子訳「新しい経営モデルバランス・スコアカード」『ダイヤモンド・ハーバード・ビジネス』2003年8月号，46-57頁）

○—— (1996) *The Balanced Scorecard-Translating Strategy into Action*, Harvard Business School Press, Boston, MA.（吉川武男訳（1997）『バランスト・スコアカード—新しい経営指標による企業変革』生産性出版）

○—— (2001) *The Strategy-Focused Organization*, Harvard Business School Press, Boston, MA.（櫻井通晴監訳（2001）『戦略バランスト・スコアカード』東洋経済新報社）

○—— (2004) *Strategy Maps, Converting Intangible Assets into Tangible Outcome*, Harvard Business School Press, Boston, MA.（櫻井通晴・伊藤和憲・長谷川惠一監訳（2005）『戦略マップ：バランスト・スコアカードの新・戦略実行フレームワーク』ランダムハウス講談社）

○—— (2006) *Alignment：Using the Balanced Scorecard to Create Corporate Synergies*, Harvard Business School Press, Boston, MA.（櫻井通晴・伊藤和憲監訳（2007）『BSCによるシナジー戦略—組織のアラインメントに向けて』ランダムハウス講談社）

○—— (2008) *The Execution Premium：Linking Strategy To Operations for Competitive Advantage*, Harvard Business School Press, Boston, MA.（櫻井通晴・伊藤和憲監訳（2009）『バランスト・スコアカードによる戦略実行のプレミアム』東洋経済新報社）

○伊藤和憲（2014）『BSCによる戦略の策定と実行—事例で見るインタンジブルズのマネジメントと統合報告への管理会計の貢献』同文舘出版。

○伊藤嘉博・清水孝・長谷川惠一（2001）『バランスト・スコアカード：理論と導入』ダイヤモンド社。

Q22	BSCの普及状況

BSCは，実際にどれくらい利用されているのですか？

A

BSCの普及状況を見てみましょう。

● BSCの普及状況 ●

※BSCの日本企業での普及率は海外に比べて低い

【海外グローバル企業】38%
・Bain & Company社調査（次頁の**図表Ⅱ-10**，Rigby and Bilodeau, 2013）
・2012年時点で，ビジネス界で最も支持される25の経営技法のうち，BSCは世界第5位

【日本企業】10%前後
・2011・2012年　東証一部・二部上場（川野，2014）
　➡ BSCの利用率9.5%
・2010年　東証一部上場（横田・妹尾，2011）
　➡ BSCの利用率10.5%（23社）
　　　そのうち戦略マップを作成していない企業39.1%（9社）

　海外のグローバル企業での採用率は，Bain & Company社の調査によると38%に上ります（Rigby and Bilodeau, 2013）（**図表Ⅱ-10**）。2012年に実施されたこの調査では，ビジネス界で最も支持されているとされる25の経営技法を取り上げ，1,208名のグローバル企業の経営者へのインタビューを通じて，2012年現在の利用状況と2013年の導入計画について調査しています。その結果，2012年時点でのBSCの利用率は，25の経営技法のうち第5位にランキングされてい

[図表Ⅱ-10]　海外グローバル企業における経営管理手法の利用実態と計画

<単位：%>

	計画された増分量	2013年の導入計画	2012年の利用状況
ゼロベース予算	51	61	10
オープン・イノベーション	50	70	20
意思決定権限関連技法	49	62	13
顧客ロイヤルティ管理	48	75	27
シナリオ／コンティンジェンシー・プランニング	47	70	23
複雑性の低減	46	65	19
ミッション／ビジョン・ステートメント	46	79	33
顧客セグメンテーション	45	75	30
TQM（総合的品質管理）	45	74	29
価格最適化モデル	44	69	25
戦略提携	44	72	28
ビジネス・プロセス・リエンジニアリング	42	72	30
ビッグデータ分析	42	68	26
コア・コンピテンシー	42	78	36
チェンジ・マネジメント・プログラム	42	77	35
ソーシャル・メディア・プログラム	41	69	28
ベンチマーキング	40	80	40
顧客関係管理（CRM）	40	83	43
サプライチェーン・マネジメント（SCM）	40	74	34
M&A	39	64	25
戦略計画	38	81	43
ダウン・サイジング	37	61	24
アウトソーシング	35	71	36
✓ BSC	35	73	38
従業員エンゲ　ジメント調査	30	73	43

【出所】　Rigby and Biodeau（2013）。

ます。

　一方，日本企業での採用率は10％前後に留まります。2011年から2012年の東証一部・二部上場企業対象の調査結果からは，BSCの利用率は9.5％（川野，

2014），2010年の東証一部上場企業対象の調査結果からは，BSCの利用率は10.5％（23社），そのうち戦略マップを作成していない企業は，39.1％（9社）（横田・妹尾，2011）でした。

【参考文献】

○Rigby, D. and B. Bilodeau (2013) *Management Tools & Trends 2013.*
　　URL：http://www.bain.com/insights/management-tools-and-trends-2013
○川野克典（2014）「日本企業の管理会計・原価計算の現状と課題」『商学研究』第30号，55-86頁。
○横田絵理・妹尾剛好（2011）「日本企業におけるマネジメント・コントロール・システムの実態：質問票調査の結果報告」『三田商学研究』第53巻第6号，55-79頁。

Q23　BSC活用事例：キリン㈱

BSCを実践している具体例はありますか？

A

　麒麟麦酒㈱（以下，キリンビール）のBSCの取り組みを紹介しましょう（**図表Ⅱ-11**）。キリンビールは，キリンホールディングス㈱を持株会社とするキリングループの中核会社です。

[図表Ⅱ-11]　キリングループ概要

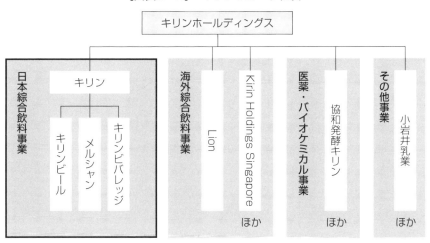

2017年6月1日時点
【出所】　キリン㈱ホームページより。

　まずは，BSCの導入経緯です。キリンビールでは，伝統的に，生産・物流（SCM：Supply Chain Management）・営業の3本部制をとり，事業計画と目標管理制度による経営管理を行っていました。

　1990年代までに事業が多角化する中，事業の業績評価を個人の業績評価に反映させるために，全社統一的な事業業績評価が必要になり，2001年に，キリンビール版のEVA（Economic Value Added）を導入しました。

　キリンビールの目標管理制度は，全社戦略との関連は必ずしも明確ではなかったために，投資家の観点が重視されるEVAを分解して社内展開される目標との整合性を図る仕組みが必要であるとの認識に至りました。

　そこで2003年，酒類営業本部にて，お客様の視点を喪失する危機感から，BSCを導入します。その成功を受けて，2004年，中期経営計画策定のタイミングで全社的にBSCを導入します。その際に，生産・物流・営業のライン部門だけでなく，人事や広報などのスタッフ部門でも導入し，BSCの業績評価と人事考課を統合しました。

　2007年には，純粋持株会社制の採用に合わせて，キリングループ全体にBSCを展開します。EVAは，BSCの財務の視点の最終目標に位置づけられ，顧客の視点の「自社ブランドイメージ評価」と合わせて，持株会社のみならず，グループ共通の評価指標になっています。

　次に，戦略マップの構造を説明しましょう。3本部長（生産，物流，営業）は独自の戦略マップを作成せず，キリンビール社長の戦略マップを共有します。キリンビール社長の戦略マップは，社長以下，各本部・部門，個人の目標管理制度へと下方展開されます。

　続いて，BSCの業績評価と人事考課の統合について説明しましょう。

　管理職の場合は，基本的に，四半期ごとにKPI（Key Performance Indicator）とその得点化ルールを記載した業績評価表によって，組織業績が評価されます。EVAや自社ブランドイメージ評価といった全社共通指標を含めることや，BSCの4つの視点で構成されることなど，経営企画部作成のガイドラインに沿って作成・運用されます。この組織業績評価が，年度末の人事考課に繋がります。

　一方，非管理職の業績評価は，目標管理制度に基づいています。BSCの4つの視点には縛られず，所属組織の目標に整合的な複数目標を設定します。毎年1月に目標を設定し，半年に一度，上司と面談を行い，進捗度を確認し，必要に応じて目標の見直しが行われます。

　また，キリンビールの人事考課は，業績評価表や目標管理制度以外に，経営理念であるKIRIN WAY（価値観，行動の基本姿勢を規定）の発揮度も考慮されます。目標管理制度における上司との面談の際に，KIRIN WAYの発揮度も確認されます。

● キリンビールのBSCの特徴 ●　　（横田・妹尾, 2010）

【戦略マップの構造】
・社長の戦略マップを，3本部長（生産，物流，営業）が共有
・戦略マップは，社長以下，各本部・部門，個人の目標管理制度へと下方展開

【BSC業績評価と人事考課の統合】
・管理職：四半期ごとにKPI業績評価 ──→ 年度末の人事考課
・非管理職：目標管理制度
・経営理念であるKIRIN WAY（価値観，行動の基本姿勢を規定）の発揮度も考慮

【参考文献】
○大槻晴海・﨑章浩（2015）「実務におけるBSCの有用性：協和発酵キリン株式会社の事例研究」『産業経理』第75巻第2号，151-175頁。
○横田絵理・妹尾剛好（2010）「戦略マネジメント・システムの事例研究（1）（2）」『三田商学研究』第53巻第2号・第3号，123-136頁，45-58頁。
　※Q&A23の解説は本論文に依拠しています。

Q24 方針管理とBSCの関係

方針管理とBSCとは，どのような関係にありますか？

A

　日本企業では，方針管理とBSCとの類似性・親和性のために，BSC導入に伴い方針管理を廃止したり，BSC的要素を取り入れて修正したりする企業が多いと言われます。

　方針管理は，戦略をTQC（Total Quality Control）の管理原則であるPDCA（Plan-Do-Check-Action）に従って管理する手法です。日本企業固有の経営手法で，目標管理制度がルーツであると言われます。方針管理は，目標管理制度における目標の達成度を評価対象とする結果志向性を改善し，プロセス重視を志向する特徴があります。

● 方針管理とは ●

・戦略をTQCの管理原則であるPDCAに従って管理する手法
・日本固有の経営手法で，目標管理制度がルーツであると言われる
・目標管理制度の結果志向性を改善し，方針管理はプロセス重視を志向

【参考】 目標管理制度とは，従業員の意欲向上を意図し，事前に自主的に設定した目標の達成度合いを評価する人事管理手法

　目標管理制度（MBO：Management by Objects）とは，従業員の意欲向上を意図し，事前に自主的に設定した目標の達成度合いを評価する人事管理手法です。

　BSCと方針管理の異同を見ていきましょう（伊藤・小林，2001；伊藤・清水・長谷川，2001；乙政，2004）。

　まずは，両者の類似点です。

　第1に，ビジョン・戦略からの展開です。ビジョンや戦略に基づき，下位目標や具体的活動に下方展開するプロセスが共通しています。

　第2に，挑戦的目標の設定です。方針管理では経営方針や中期経営計画に基づき目標が設定され，BSCでも中期的なビジョンに基づき戦略目標が設定されるなど，どちらも日常業務の目標とは明確に区別される点が共通しています。

　第3に，垂直・水平方向の調整の重要性です。方針管理では組織階層の上下ならびに部門横断的な水平方向の擦り合わせが強調され，BSCでも縦横の因果連鎖を検討する点が共通しています。

　第4に，目標と方策の展開です。方針管理における目標と目標達成手段である方策の展開は，BSCにおける戦略目標とその達成手段である戦略的実施項目の設定と共通しています。

　第5に，「日常管理」との区別です。方針管理では，日常業務ではなく，現状を打破する仕事を管理します。BSCでも，戦略的業績指標と診断的業績指標を区別し，診断的業績指標は，目標未達時の修正行動に向けた例外管理のために用い，BSCの管理対象ではありません（Kaplan and Norton, 1996）。

　次に，両者の相違点です（**図表Ⅱ-12**）。

[図表Ⅱ-12]　方針管理とBSCの相違点

	方針管理	BSC
目　的	業務改善のための品質管理	財務指標向上による企業価値創造
目標の性質	定性的・定量的	定量的重みづけによる目標体系化
報酬との関連	非連動	連動も志向可

【出所】　乙政（2004）112-114頁より作表。

　第1に，その目的です。方針管理の主な目的は業務改善のための品質管理にある一方，BSCの最終目標は財務的指標の向上による企業価値の創造に向けら

れます（櫻井，2003）。また，方針管理には，BSCの4つの視点のバランスという発想はありません。

　第2に，目標の性質です。方針管理の目標は，ライン部門では数値化されることがあるとしても，定性的な記述に留まることが多いとされます（伊藤・清水・長谷川，2001）。また，方針管理において，目標を定性的・定量的に設定するとしても体系化はされないのに対して，BSCではすべての目標を数値化し，さらには各目標値に重みづけをして共通の尺度で体系的に測定します（櫻井，2003）。

　第3に，報酬との関連です。方針管理の教科書（赤尾，1988）を見ても，報酬システムとの関係についての記載はありません。一方，BSCでは，定量的に目標達成度が測定できることもあり，報酬と連動させることも可能ですし，そうした実践例も知られています。

● 方針管理とBSCの類似点 ●　　(乙政，2004)

※両者の類似性・親和性ゆえ，BSC導入に伴い，方針管理を廃止したり，BSC的要素を取り入れて修正したりする企業が多い。

・ビジョン・戦略からの下方展開
・挑戦的目標の設定
・垂直・水平方向の調整の重要性
・目標と方策の展開
・「日常管理」との区別

【参考文献】

○Kaplan, R. S. and Norton, D. P. (1996) *The Balanced Scorecard—Translating Strategy into Action*, Harvard Business School Press, Boston, MA. （吉川武男訳（1997）『バランスト・スコアカード—新しい経営指標による企業変革』生産性出版）
○赤尾洋二（1988）『方針管理活用の実際』日本規格協会。
○伊藤嘉博・小林啓孝編著（2001）『ネオ・バランスト・スコアカード経営』中央経

済社。

○伊藤嘉博・清水孝・長谷川惠一（2001）『バランスト・スコアカード：理論と導入』ダイヤモンド社。

○乙政佐吉（2004）「方針管理とバランス・スコアカードの関係に関する研究」『環太平洋圏経営研究』第 6 号，103-135頁。

○櫻井通晴（2003）『バランスト・スコアカード─理論とケース・スタディ』同文舘出版。

Q25 BSCの活用可能性と課題

KPIマネジメントとしてのBSCの活用可能性と課題は，どのようなものでしょうか？

A

まずは，BSCの活用可能性です。

第1に，中期経営計画や目標管理制度との統合です。3年から5年程度の中期的なビジョンや事業戦略，財務目標などが中期経営計画で示されます。中期経営計画と，年度予算や目標管理制度などの日常的なPDCAマネジメントとは，通常，連動することはなく，別のマネジメント・システムとして設計・運用されています。BSCは，これらのマネジメント・システムの間にあった空白を埋める役割が期待できます。言い換えると，経営企画部所管の中期経営計画と人事部所管の目標管理制度の統合と言えます。

第2に，目標管理制度への貢献です。目標管理制度における上司の主観的評価への不満に対して，BSCの計数管理による客観性によって，より公正で納得性の高い評価が得られやすくなります。加えて，目標管理制度の結果偏重によるノルマ管理という弊害に対して，BSCにおけるプロセス（先行指標たる戦略的実施項目）重視の視点は，部分最適や短期的視点からの脱却を促します。

第3に，業績評価を改善し，報酬との連動を可能にします。BSCでは，財務指標以外の3つの視点があり，目標への数字合わせや会計上の操作による帳尻合わせではなく，複眼的視点から，企業価値向上への貢献を評価することができます。定量目標ゆえの客観性と公平性も兼ね備えているため，組織業績と個人への報酬を連動させることに向いています。

次に，BSCの抱える課題です。

第1に，方針管理や予算，KPIマネジメント，報酬制度などの既存の業績管

理制度との整合性です。BSCの導入によって既存の業績管理制度を統合できる可能性があると同時に，既存の制度との整合性を図らなければ，統一的な業績管理が実施できなくなり，混乱を招いてしまいます。

　第2に，事業間バランス，グループ会社・組織階層の下方への展開です。多角化したグローバル企業において，SBU（Strategic Business Unit）単位ごとに設定されるBSCは事業間の業績比較を容易にしますが，共通指標と独自指標の設定ルール，部門間のバランス，グループ会社や組織階層の下方への展開において，どの組織単位までBSCを展開するのかを決めていく必要があります。

　第3に，BSCの持つ戦略性と日常管理のバランスです。BSCの目標は挑戦的目標であり，日常的な業務目標とは異なります。しかしながら，BSCを予算管理の代替手段として活用したり，目標管理制度との連携を図ったりすると，日常管理の色合いが強くなります。

　言い換えると，業績評価目的であれば，ある程度達成可能な目標水準が妥当ですし，事業の選択や組織の体質転換を図る目的であれば，組織階層下方への個人業績評価への展開は控えるべきかもしれません。導入目的と組織・個人への影響を十分に考慮した上での制度設計が必要です。

Column・4 BSCのバランス(balanced)の多元的な意味

　BSCの4つの視点は，企業を取り巻く「利害関係者」と密接な関係にあります。財務の視点は株主，顧客の視点は顧客，業務プロセスの視点は従業員（や取引先），学習と成長の視点は経営者です。

　また，①財務の視点──➡②顧客の視点，業務プロセスの視点──➡③学習と成長の視点の順に，「短期－長期」や「過去－現在－未来」と，時間的なバランスもとれています。さらには，①業務プロセスの視点と学習と成長の視点，②財務の視点と顧客の視点とに分ければ，企業の「内部－外部」のバランスと言えます。

　このように，多元的なバランスを志向するBSCですが，これらの4つの視点も絶対的なものではありません。例えば，宝酒造㈱では，第5の視点として，学習と成長の視点の下に，「環境の視点」を追加したBSCを作成しています。他にも，病院のBSCでは，顧客の視点を患者の視点に置き換え，加えて，財務の視点と患者の視点を入れ替えて患者の視点を最上位に位置づけたBSCを作成することもあります。

　また，BSCを全面的に導入しなくても，多元的なバランスを意識した柔軟なBSCの発想は，KPI間のバランスを確認する上でも有用です。KPIマネジメントの実践企業では，財務指標（財務の視点）が多くを占めていたり，非財務指標を設定しても，顧客の視点に偏重したりすることもありますので，BSCから学べることは多いでしょう。

　一方，KPIマネジメントのための取り組みは，BSCに限ったことではありません。あえてバランス（balanced）を重視せず，自社独自のシンプルで限定的なKPIを強調する取り組みもありえます。

　第Ⅲ部では，BSC以外の様々なKPIマネジメントの先端的な取り組みを紹介しています。こちらも合わせてご参照ください。

第Ⅲ部
KPIマネジメントの最前線

Q26　ROIC経営：オムロン㈱

　ROIC経営とは，どのようなものですか？　具体的な事例も教えてください。

A

　ROIC（Return on Invested Capital：投下資本利益率）とは，事業活動への投下資金に対して，どれだけの利益を生み出したかを示す指標です。ROE（Return on Equity：自己資本利益率）が自己資本（株主資本）に対する利益割合を示したのに対して，ROICは他人資本（有利子負債）を含めた投下資本の効率性を示します。

　ROICは，NOPAT（Net Operating Profit After Taxes：税引後営業利益）を投下資金（投下資本：有利子負債＋株主資本）で割ることで計算します。企業にとっては，ROICが少なくともWACC（Weighted Average Cost of Capital：加重平均資本コスト）を上回ることが要求されます。

$$ROIC = \frac{税引後営業利益（NOPAT）}{投下資金（有利子負債＋株主資本）}$$

　近年，ROICを導入する日本企業が急速に増えています。例えば，2017年に㈱三菱ケミカルホールディングス，アサヒグループホールディングス㈱，2018年に㈱資生堂，㈱ニコン，日本ペイントホールディングス㈱，2019年にキリンホールディングス㈱などで導入されています。

　具体的な取り組みとして，オムロン㈱のROIC経営を紹介しましょう。

　オムロンは，2012年と早い時期からROIC経営を標榜しています。ROICは異

なる事業領域を評価する際にフェアな指標であるとの判断から，導入に至っています。

　オムロンのROIC経営は，（1）ポートフォリオマネジメントと（2）ROIC逆ツリー展開，（3）ROIC翻訳式に特徴づけられます（**図表Ⅲ-1**）。

[図表Ⅲ-1]　オムロンのROIC経営

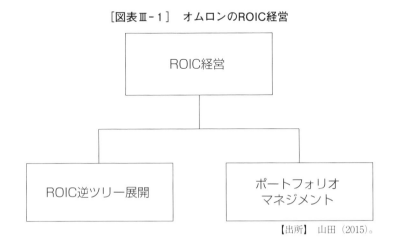

【出所】　山田（2015）。

（1）　ポートフォリオマネジメント

　オムロンでは，事業ユニットごとに経済価値評価と市場価値評価を実施し，最適な資源配分を実行しています（**図表Ⅲ-2**）。

　経済価値評価では，縦軸に成長性指標として売上高成長率，横軸に収益性指標としてROICをとり，各事業ユニットをS（投資領域），A（再成長検討領域），B（成長期待領域），C（収益構造改革領域）の4つに分類します。

　市場価値評価では，一般的なBCG（Boston Consulting Group）のPPM（Product Portfolio Management）を使用しています。つまり，縦軸を市場成長率，横軸を市場シェアとし，各事業ユニットをS（高市場成長率・高市場シェア：花形），A（低市場成長率・高市場シェア：金のなる木），B（高市場成長率・低市場シェア：問題児），C（低市場成長率・低市場シェア：負け犬）の4つに分類します。

[図表Ⅲ-2] オムロンのポートフォリオマネジメント

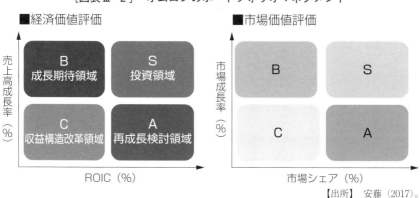

【出所】 安藤（2017）。

（2） ROIC逆ツリー展開

事業評価や資源配分のためのポートフォリオマネジメントだけでなく，ROICを企業の隅々まで浸透させる「ROIC逆ツリー展開」が，オムロンのROIC経営の最大の特徴と言えるかもしれません（**図表Ⅲ-3**）。

ROICをROS（Return on Sales：売上高利益率）と投下資本回転率に分解し，各事業の構造・課題に応じたROIC改善の強化項目（改善ドライバー）とそれらを強化・改善するためのアクションに繋がるKPI（Key Performance Indicator）を設定します。改善ドライバーやKPIは，事業特性に合わせて各事業ユニットが設定します。

改善ドライバーの中でも，「売上総利益率」は，全社共通の指標となっています。オムロンでは，売上総利益率は，生産・販売・開発・企画部門を共通の戦略・目標で連結できる「事業タテ通し」のための重要な指標と位置づけています。事業部門（タテ）と機能部門（ヨコ）の連結を図ることで，強い収益構造が構築できるとの考えに基づいています。

ROICの一般的なツリー展開では左から右へと展開されますが，オムロンでは，左右を逆転させています。現場KPIを積み上げることでROICに繋がることを意識づけるためです。

[図表Ⅲ-3] オムロンのROIC逆ツリー展開

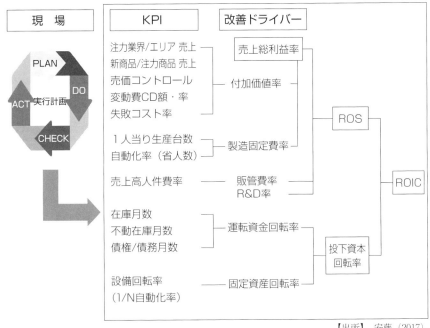

【出所】 安藤（2017）。

　現場での活動は，多くのKPIの達成を目指すのではなく，重点的に取り組む
KPIを選定し，PDCA（Plan-Do-Check-Action）サイクルを回します。

（3）　ROIC翻訳式

　2015年，オムロンでは「ROIC経営2.0」を表明し，ROIC翻訳式の活用を始めます。ROIC逆ツリー展開により，経営目標と現場の目標との連携は図れますが，必ずしも財務数値に精通していない現場の方に，ROICを浸透させるためのさらなる取り組みとして，ROIC翻訳式が示されました。

「ROIC逆ツリー」における算式（ROIC 1.0）

$$ROIC = \frac{当期純利益}{売上高} \times \frac{売上高}{投下資金（運転資金＋固定資産）}$$

　つまり，「ROIC逆ツリー」における算式（ROIC 1.0）は，当期純利益や運転資金，固定資産などの会計用語で表現されていたものを，「ROIC経営2.0」では，現場の方に向けた表現に翻訳されました。

「ROIC翻訳式」（ROIC 2.0）

$$ROIC ≒ \frac{お客様（ステークホルダー）への価値（V）↑↑}{必要な経営資源（N）↑＋滞留している経営資源（L）↓}$$
　　　　　　　└→「モノ，カネ，時間」　└→「ムリ，ムダ，ムラ」

①　成長戦略に基づき，成長に必要な経営資源への投資（N）を増やす
②　それ以上に，お客様への価値（V）を上げる
③　滞留している経営資源（L）を減らして（N）にシフト／投入する

【出所】　安藤（2017）。

　ROIC経営2.0では，まず，成長に必要な経営資源への投資（モノ，カネ，時間）が推奨されます。次に，投資した以上にお客様への価値を向上させることが求められます。続いて，投資できる経営資源には限りがあるため，滞留している経営資源（ムリ，ムダ，ムラ）を減らして，投入できる経営資源を増やそうというメッセージが込められています。

【参考文献】

○オムロン株式会社（2015）『統合レポート2015』。

○オムロン株式会社代表取締役社長CEO山田義仁（2015）講演資料「持続的な企業価値向上を目指して」東京証券取引所主催シンポジウム「ニッポンの企業力―企業価値を考える2015―」2015年 3 月 3 日（於　東証ホール）。

　URL：https://www.omron.com/jp/ja/ir/press/pdfs/tse_ceo_2015j.pdf

○オムロン株式会社執行役員常務安藤聡（2015）講演資料「オムロンの企業価値向上の取り組みについて―経営力とエンゲージメントの融合―」東京証券取引所主催「企業価値向上経営セミナー」2015年10月 5 日（於　一橋大学一橋講堂）。

　URL：https://www.jpx.co.jp/news/1024/nlsgeu000001988q-att/03_OMRON_shiryou.pdf

○オムロン株式会社取締役安藤聡（2017）説明資料「オムロンにおける統合的経営の実践について」金融庁・東京証券取引所主催「 2 つのコードのフォローアップ会議（第12回）」2017年11月15日。

　URL：https://www.fsa.go.jp/singi/follow-up/siryou/20171115/03.pdf

○KPMG FASあずさ監査法人編（2017）『ROIC経営：稼ぐ力の創造と戦略的対話』日本経済新聞出版社。

Q27 EVA®経営：花王㈱

EVA®経営について，具体例はありますか？

A

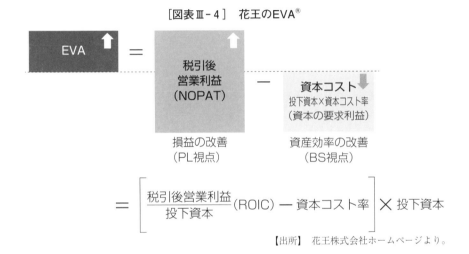

[図表Ⅲ-4] 花王のEVA®

$$\text{EVA} \Uparrow = \begin{array}{c} \text{税引後} \\ \text{営業利益} \\ \text{(NOPAT)} \end{array} - \begin{array}{c} \text{資本コスト} \Downarrow \\ \text{投下資本×資本コスト率} \\ \text{(資本の要求利益)} \end{array}$$

損益の改善　　　　　　　資産効率の改善
（PL視点）　　　　　　　（BS視点）

$$= \left[\frac{\text{税引後営業利益}}{\text{投下資本}} \text{(ROIC)} - \text{資本コスト率} \right] \times \text{投下資本}$$

【出所】 花王株式会社ホームページより。

　花王のEVA®（Economic Value Added：経済的付加価値）経営について，紹介しましょう。

　花王は，1998年10月から日本企業ではじめてStern Stewart & Co. 社のコンサルティングを受け，1999年4月からEVA®を適用しています（➡ Q&A 14）。その後，現在に至るまで，EVA®により投下資本を意識することで，長期的な視点から利益ある成長を通じた継続的な企業価値の増大を図っています。

　具体的には，EVA®を業績測定尺度として設定することで効率的な経営を図り，役員報酬と連動させることでEVA®を向上させるインセンティブを経営陣

に与えてきました。また，EVA®の実績値を決算説明資料などに掲載し，企業価値向上経営の実践と成果をステークホルダーに開示してきました。

　花王ではNOPAT（Net Operating Profit After Taxes：税引後営業利益）から企業活動に使った資本コストを除いた残余利益こそが，企業価値に直結する「真の利益」であると考えています。

　投下資本や資本コストを考慮した「真の利益」を表すEVA®を継続的に増加させていくことが，企業価値の増大に繋がり，株主だけでなく，すべてのステークホルダー（株主，債権者，従業員，取引先，政府，消費者）の長期的な利益に合致すると考えています。また，花王のESG経営（環境（Environment），社会（Social），ガバナンス（Governance））とも，特にガバナンスの点で適合すると考えています。

　花王がEVA®を算出する際に重視しているのは，「資本の効率的活用」と「株主視点」の両立です。「資本の効率的活用」の観点は，EVA®の計算式をROIC（Return On Invested Capital：投下資本利益率）を含むものに変形するとよく分かります。ROICは事業活動に投じた資金（投下資本）に対する利益を測る指標であり，「税引後営業利益÷投下資本」の数式で算出され，事業活動が効率よく利益を生み出しているかどうかを判断できます（➡ Q&A 26）。

　一方，「株主視点」について，資本コストは企業が資金調達することで生じる借入れに対する利息や株式に対する配当金の支払，株価の向上などであり，それを上回る業績を目指すことで株主の視点に立っています。資本コストは，具体的には，資金提供者が求める個別に異なる利率（借入利息や株式調達コスト）を加重平均したWACC（Weighted Average Cost of Capital：加重平均資本コスト，資本コスト率）を算出します。

　花王では，EVA®を向上させるため，次の4つの視点から取り組んでいます。それらは，損益計算書の視点に基づくもの（第1と第2の取り組み）と，貸借対照表の視点に基づくもの（第3と第4の点の取り組み）とに大別されます。

［図表Ⅲ-5］　花王のEVA®改善に向けた4つの視点

1）高付加価値投資（Invest）
計画期間のNOPATが資本コストを累計で
上回るプロジェクトや事業に投資する
　　→　持続的な利益ある成長のキーポイント

2）収益改善（Improve）
投下資本を増やさずにNOPATを増加させる
　　→　売上増大・コストダウン・費用の効率化

3）整理回収（Harvest）
EVAがマイナスで改善が見込めない事業や
投資から投下資本を回収する
　　→　資本のスリム化

4）資本コスト低減（Financial）
資本コストを下げる
　　→　資本構成改善（自己株式取得）・
リスク管理・IR活動

【出所】　花王株式会社ホームページより。

　第1に，高付加価値事業への投資です。計画期間に見込まれるNOPATが資本コストを上回る事業に投資します。そうすることで，持続的な利益獲得が見込まれる事業を選別し，規模の拡大と採算性の確保を両立することができます。

　第2に，収益改善です。投下資本を増やさず，NOPATを増加させる収益改善の取り組みです。第1の取り組みで説明した投資意思決定が，事業を始める前の取り組みであるのに対し，これは継続中の事業における取り組みです。売上増大や原価低減，費用の効率化を通じて営業利益を高めるための様々な取り組みが含まれます。

　第3に，整理回収です。EVA®がマイナスで改善が見込めない事業や投資から，投下資本を回収します。EVA®がマイナスになるということは，会社にとって「真の利益」を生み出していないことを意味します。したがって，EVA®がマイナスの事業はその継続の可否を検討する必要があり，収益性のある他の事業への資本投下や資本のスリム化が適切であると判断されれば，事業の縮小や撤退の意思決定を行います。

　第4に，資本コスト低減です。業績や財務体質が良好な状態を維持し，適切

なリスク管理を行い，丁寧なIR（Investor Relations）活動に努めることによって，出資者の信頼感を高め，資本コストを抑えることができます。

[図表Ⅲ-6]　花王のEVA®の推移

※1　2012年度より決算期を3月31日から12月31日に変更（2012年度の実績は3月決算であったグループ会社は4－12月・12月決算のグループ会社は1－12月）
※2　2016年12月期よりIFRSを適用。2015年度はIFRSに基づき算定
【出所】　花王株式会社2020年決算説明会資料33頁。

　花王における近年のEVA®と資本コストの推移を見てみましょう（**図表Ⅲ-6**）。2016年12月期より会計基準をIFRS（International Financial Reporting Standards：国際財務報告基準）に変更したため，2012年度から2015年度までの日本基準によるものと，2015年度から2020年度までのIFRSによるもの（2015年度もIFRSに基づき算定）の2つの期間に分けています。

　花王では，実際に，EVA®がプラスとなる状況を維持してきました。2020年度は，新型コロナウイルス感染症拡大の影響を受けていますが，2017年度までは，資本コストの増加を上回るペースでEVA®が向上しています。

【参考文献】
○吉田栄介・花王株式会社会計財務部門（2020）『花王の経理パーソンになる』中央経済社。

Q28　KPIマネジメントの失敗事例：カルビー㈱

KPIマネジメントの失敗例はありますか？

A

　カルビー㈱のKPI（Key Performance Indicator：重要業績指標）活用の失敗について，見ていきましょう。

　カルビーでは，2005年頃，ABC（Activity-Based Costing）を活用したBSC（Balanced Scorecard）経営を導入します（**→ 第5章**）。

　その後2009年までに，3,000におよぶKPIを設定しました。BSCの4つの視点（財務，顧客，業務プロセス，学習と成長）から戦略目標としてのKPIを設定するだけでなく，現場スタッフの具体的行動に至るまで，細かくKPIを設定しました。

　例えば，「売上と利益」，「損益分岐点比率」，「時間当り生産性」，「クレーム発生率」，「店頭鮮度（製造から45日を経過した商品が小売店の店頭に並ぶ比率)」などについてKPIを設定しました。加えて，これらのKPIのための行動指標，例えば，店頭での販促状況を表す「販促実施店率」などについて，エリア別，製品群別などに細分化したKPIも設定していました。

　こうして設定された各KPIについての実績データを週次集計し，経営幹部がデータ把握するために，「経営コックピット」※と呼ばれるダッシュボードに集約しました。各部門・地域責任者は，これらのデータを見ながら四半期ごとの営業・マネジメント会議を実施していました。

● **カルビーのKPIマネジメントの失敗原因** ●

【失敗原因１】　細分化し過ぎたKPI

　・行き過ぎた「プロセス」への注目で，「結果・目標」を見失う

　・あくまでもKPIは戦略目標と言える挑戦的で規模感のある目標にすべき

【失敗原因２】　業績評価対象に設定されたKPI

　・細分化されたKPIが業績評価対象項目であったため，数字合わせに走る

　・例えば，営業担当者のKPIのひとつである「店頭鮮度率」改善のため古い商品を買い取る

　　　──▶店頭に鮮度落ちの商品はなくなり，担当者の業績評価は高評価

　　　──▶しかし，本来の目的である売上は向上せず

※カルビーの「経営コックピット」のようなKPIダッシュボードは，経営者が重要なKPIの達成状況を一覧できるようにし，迅速な意思決定を支援する経営管理ツールです。

　こうしたカルビーのKPI活用には，２つの問題点があります。

　第１に，KPIを「プロセス」にまで細分化し過ぎたことです。本来，KPIは戦略目標と言える挑戦的で規模感のある目標にすべきです。つまり，KPIは，企業価値の向上や少なくとも全社的利益に繋がるような行動変容を促す方向性と高い到達点を示すものであって，日常業務についての具体的な行動までを規定するものではありません。それにもかかわらず，カルビーでは，業務プロセスのKPIに至るまで細かく設定し過ぎました。そのため，収益増加という「結果」よりも「プロセス」ばかりに注目し，目指すべきゴールを見失ってしまいました。

　第２に，細分化されたKPIを業績評価の対象にしたことです。細分化されたKPIが業績評価対象項目であったために，数字合わせに走る担当者も出てきました。例えば，営業担当者のKPIのひとつである「店頭鮮度率」を改善するために，古い商品を買い取るといった行動です。店頭に鮮度落ちの商品はなくなり，担当者の業績評価は高評価になりますが，これでは本来の目的である売上は増加しません。

● カルビーのKPIマネジメント失敗からの復活 ●

- 2009年松本晃会長兼CEO就任後，BSCとKPIによる業績評価制度を廃止
  - 「よい原材料を仕入れ」，「工場の稼働率を上げて生産し」，「営業担当者が現場を回って販売する」というシンプルな経営思考に切り替える
  - 2011年から経営指標の健全化プロジェクトをスタート

- 営業利益率3％台（2009年3月期）──▶11％台（2017年3月期）
  シェアの回復
  （ポテトチップス市場において10％ダウン──▶以前の水準75％まで）
- プロセス指標重視の評価をやめ，結果を評価
- 松本CEO就任後，7期連続増収増益

　2009年，松本晃会長兼CEO就任後，BSCとKPIによる業績評価制度を廃止し，「よい原材料を仕入れ」，「工場の稼働率を上げて生産し」，「営業担当者が現場を回って販売する」というシンプルな経営思考に切り替えます。

　その後2011年から，経営指標の健全化プロジェクトをスタートさせます。プロセス指標重視の評価をやめ，結果を評価するように転換しました。評価のために用いる指標は，「売上高」，「営業利益」，「新製品売上高比率」，「Non生ポテト製品売上高比率」，「売上原価率」，「販管費率」といった結果指標に変わりました。

　その結果，営業利益率は3％台（2009年3月期）から11％台（2017年3月期）に改善し，市場シェアも回復し（ポテトチップス市場において10％減の状態から以前の水準である75％まで），松本CEO就任後，7期連続増収増益となりました。

【参考文献】
○「カルビー　松本流，「単純指標」使い社内改革」『日経ビジネス』2016年6月13日号，22-23頁。
○「カルビーが失敗したデータ活用─「やりすぎKPI」は会社経営の本質を見失う」

URL：https://news.mynavi.jp/kikaku/20150623-a002/

※Q&A28のニュースソースは，マイナビニュースのウエブサイト掲載のカルビー㈱営業
　本部営業企画部部長本田健氏への取材記事に依拠しています。

○「賢人の警鐘　カルビー会長兼CEO松本晃」『日経ビジネス』2018年 6 月11日号，
　156頁。

○「特集　カルビー・松本経営の研究」『日経トップリーダー』2017年 8 月号，32-45頁。

Q29　時間当り採算：アメーバ経営

　他にもKPIマネジメントのユニークな取り組みはありますか？

A

　JALを再生させた経営手法として広く知られる京セラのアメーバ経営における「時間当り採算」を紹介しましょう。

　アメーバ経営とは，利益責任単位として通常想定される事業部よりも小さな部や課・工程などの組織単位（アメーバ）ごとの利益管理を志向する取り組みです（➡ Q&A 7）。「機能ごとに小集団部門別採算制度を活用して，すべての組織構成員が経営に参画するプロセス」（アメーバ経営学術研究会，2010，20頁）などと定義されます。

● アメーバ経営とは？ ●

・「機能ごとに小集団部門別採算制度を活用して，すべての組織構成員が経営に参画するプロセス」（アメーバ経営学術研究会，2010，20頁）

【基本的仕組み】

・小集団部門別採算制度と財務会計との一本化

　✓アメーバ組織の階層性

　✓時間当り採算を積み上げ，人件費総額を控除すれば全社利益

・「予定」，「実績」，「差異」を比較するPDCAマネジメント

　アメーバ経営によるKPIマネジメントの特徴として，小集団部門別採算と時間当り採算の2つが挙げられます。

　第1の小集団部門別採算制度は，基本的には財務会計制度と一本化されています。つまり，階層性のあるアメーバ組織において，各アメーバの時間当り採

算を積み上げ，人件費総額を控除すれば全社利益と一致します。

　また，アメーバ経営は，「予定」と「実績」，それらの「差異」を比較する PDCA（Plan-Do-Check-Action）マネジメントと言えます。

　第2の時間当り採算とは，各アメーバの業績測定指標で，アメーバごとに売上（総生産）と費用を計算し，労働1時間当りの付加価値（＝総生産－人件費を除いた費用）を算出し，総時間で割ることで，アメーバごとの収益性を測る概念です。

$$時間当り採算 = \frac{付加価値（収益－（人件費を除いた）費用）}{時間}$$

　ユニークなのは，人件費は費用に含めずに，アメーバごとの時間当り採算を算定する点です。人件費を費用に含めないことの合理性として，現場のリーダーにとって人件費は固定費（売上の増減にかかわらず一定額が発生する費用）であったり，自身の裁量の範囲を超えたりするため，現場の問題に集中してもらうためとも言えます。他にも，人件費の詳細が明らかになると，給料の高いメンバーを入れ替えれば採算性がよくなると考え，人間関係に悪影響をおよぼしかねないことや，金額の大きな人件費を加えると，原材料費や水道光熱費，通信費，消耗品費，工具費，交通費などの経費を地道に削減する努力が滞りかねないといった理由も挙げられます。加えて，京セラ創業者の稲盛和夫氏の「従業員たちが幸福になる仕組みでなければ，企業は長く存続しない」という考えの反映とも言えます。

　アメーバ経営の原理原則は，売上最大，経費最小です。売上を最大限にすると同時に経費を最小限に抑える創意工夫を徹底的に続けていく姿勢こそが，高収益を生み出すと考えられています。また，アメーバ間の売買に市場原理を持ち込むとともに，誰でも理解できる家計簿のような採算表を用います。

● アメーバ経営では，なぜ人件費を費用算入しないのか？ ●

・現場の問題に集中してもらうため
・人間関係に悪影響を及ぼしかねないため
・経費を地道に削減する努力が滞りかねないため
・京セラ創業者の稲盛和夫氏の「従業員たちが幸福になる仕組みでなければ，企業は長く存続しない」という考えの反映

　製造部門で用いられる時間当り採算表を**図表Ⅲ-7**に示しました。

　まず，「総出荷」（「社外出荷」と社内の他のアメーバへの「社内売」の合計）がこの製造アメーバの売上合計になります。売上は，出荷された製品が物流倉庫や他の製造アメーバに入荷した時点で計上されます。

　次に，「総出荷」から「社内買」（社内の他のアメーバからの購入）を差し引いた「総生産」が，この製造アメーバが創出したグロス（総量）の価値になります。

　続いて，「総生産」から「経費」合計を差し引くと，この製造アメーバが創出したネット（正味）の価値（付加価値）である「差引売上」になります。すでに述べたように，経費に人件費を含めず，原材料費や外注加工費，水道光熱費，修繕費，減価償却費などのアメーバ固有の経費に加えて，在庫や固定資産，売掛金に対して社内金利も負担します。加えて，総生産に対して営業部門に支払う営業口銭（営業口銭率は事業別に設定）や本社費も応分に負担します。

　最後に，「差引売上」を「総時間」で割れば「当月時間当り」になります。「総時間」はアメーバ内の定時間と残業時間だけでなく，部内や間接部門の時間負担分である「共通時間」，他のアメーバから応援にきてもらった「振替時間」（「時間移動」とも言う）を加減して算定します。

[図表Ⅲ-7]　時間当り採算表（製造部門）

収益	総出荷	Ⅰ	9,925,000円	⇨ この製造アメーバの売上合計 出荷された製品が物流倉庫や他の製造アメーバに入荷した時点で計上
	社外出荷		1,700,000	
	社内売		8,225,000	
費用	社内買	Ⅱ	2,585,000円	
	総生産	Ⅲ＝Ⅰ－Ⅱ	7,340,000円	⇨ この製造アメーバが創出したグロスの価値
費用	経費合計	Ⅳ	3,980,000円	
	原材料費		2,350,000	┐
	外注加工費		156,000	│ この製造アメーバ固有の経費
	水道光熱費		65,000	│
	修繕費		42,000	┘
	減価償却費		192,000	
	社内金利		37,000	総生産に対して営業部門に支払う営業口銭率は事業別に設定
	部内共通費		74,000	
	営業口銭		734,000	⇨ （この表では，同一事業部門内取引と仮定し一律10％と設定）
	本社経費		258,000	
時間	差引売上	Ⅴ＝Ⅲ－Ⅳ	3,360,000円	⇨ この製造アメーバが創出したネットの価値（付加価値）
	総時間	Ⅵ	700時間	
	定時間		644	
	残業時間		16	事業（本）部の間接（非採算）
	共通時間		30	⇨ 部門の時間負担分
	振替時間		10	⇨ 他のアメーバ人員の貸借分
	当月時間当り	Ⅶ＝Ⅴ÷Ⅵ	4,800円／時間	

【参考文献】
○アメーバ経営学術研究会編（2010）『アメーバ経営学：理論と実証』KCCSマネジメントコンサルティング。
○アメーバ経営学術研究会編（2017）『アメーバ経営の進化：理論と実践』中央経済社。
○稲盛和夫（2010）『アメーバ経営：ひとりひとりの社員が主役』日経ビジネス人文庫。

Q30　宿泊業のイールド・マネジメント：A社の反例

他にもKPIマネジメントのユニークな取り組みはありますか？

A

（1）　宿泊業におけるイールド・マネジメント

宿泊業におけるイールド・マネジメント（yield management）を紹介しましょう。宿泊業や航空業などにおいて，柔軟な価格変更などを通じて限られたキャパシティ（座席や客室）の稼働率を高めることにより，利益最大化を目指す経営手法です。

「目標とするセグメント・ミックスの実現と収益の最大化とを目的として，当初の需要予測と現行の実績との比較に基づいて，価格の柔軟な変更もしくはセグメント間でのキャパシティ配分の柔軟な変更を行う手法」（青木，2008，76頁）と定義されます。

宿泊業におけるイールド（収益）は，平均客室単価と客室稼働率の積で計算されます。また，実際売上高を潜在的売上高（客室稼働率100％時の平均販売単価）で除して比率で表すこともあります。

イールド＝平均客室単価×客室稼働率

$$イールド（\%）＝\frac{実際売上高}{潜在的売上高}×100$$

イールド・マネジメントの課題としては，短期的な収益向上とロイヤル

ティ・プログラムとの両立の困難性が指摘されます（青木，2008）。

　継続的にサービスを利用する顧客が割引などの特典を受けられるロイヤルティ・プログラム（会員カードなど）は，イールド・マネジメントを用いる宿泊業や航空業などで導入されています。

　しかし，ロイヤルティ・プログラムによる値引きは，短期的な収益向上と対立することがあります。キャパシティが限られる宿泊業や航空業では，稼働率が高くなるハイシーズンや週末には，ロイヤルティ・プログラムを利用する顧客の割合を減らし，正規料金やそれに近い顧客の割合を増やすことで，短期的な収益の最大化を実現します。そのため，収益責任を負うマネジャーには，ロイヤルティ・プログラムを利用する顧客の割合を下げることへのインセンティブ（動機づけ）が働きかねません。一方，ローシーズンや平日には，イールド・マネジメントによる価格引き下げで，ロイヤルティ・プログラムを利用する顧客の利益が損なわれることもあります。

（2）　イールド・マネジメントを用いないビジネスホテルチェーン A社の事例

　それでは，宿泊業における利益マネジメントの特徴的な取り組みとして，こうしたイールド・マネジメントを用いないビジネスホテルチェーンA社の事例を紹介します。

　A社は1980年代に創業した非上場企業で，宿泊料金の安さを強みとしています。全国ほぼすべての都道府県に展開し，海外にも展開しています。A社は職能別組織を採用しており，ホテル店舗は現業部門として，本社ではエリアサポートを担う部門に加え，本社顧客満足推進部や原価管理部などがホテル店舗全体のサポート部門として設置されています。ロイヤルティ・プログラムを実施しており，会員は宿泊料金の割引や，一部店舗でのアーリーチェックインが可能になります。

　A社は，ホテル店舗単位で利益マネジメントを行っています。創業以来，各店舗の売上高を中心としたマネジメントを行っていましたが，店舗数を拡大し

ていく中で，金融機関からの借入金の返済を着実に行うには，各店舗の利益額を含めた業績を迅速かつ確実に把握する必要性が増したため，1990年代初め頃から店舗単位での利益マネジメントを強化しました。

　A社のイールド・マネジメントとは異なるアプローチの第1の特徴は，一定期間，客室単価を変更しないことで，固定客からの価格信頼性を獲得することを重視している点です。

　宿泊業におけるイールド・マネジメントでは，需要予測に基づき，時期や曜日ごとに客室単価を変更することで，稼働率との積であるイールドの最大化を目指すものでした。

　それに対して，A社では，各店舗の売上高は客室単価に稼働日数を掛けることで計上され，客室単価は支配人（店舗責任者）とエリアマネジャーとの話し合いにより，過去数年分の実績に基づき年次単位で設定され，原則変更されません（客室タイプはシングル，ダブル，ツインに分類され，客室単価はシングルタイプの料金を基準にダブルやツインの客室料金が設定されます）。一部の店舗で土曜日および休前日のみ客室単価を変更する例外はあるものの，ほとんどの店舗では時期や曜日による変更を行わず，支配人には所与の客室単価のもとで利益を生み出すことが求められます。このように客室単価を低価格に固定することは，頻繁にホテルを利用する顧客の信用を得るためであり，経営者の理念に基づいています。

　第2の特徴は，客室単価を固定する中で稼働率を上げるための取り組みです。

　まず，店舗単位のKPI（重要業績指標）として売上高営業利益率，稼働率，売上原価率について，月次単位で目標値を設定，実績値を算出し，会議体を通じて業績管理を行っています。

　例えば，稼働率（実際に利用された客室数を利用可能な客室数で除して算出）は，本社が全店舗合算の目標平均稼働率を80％に設定しますが，その目標値を各店舗に一律に適用することはありません。各店舗の目標値は，客室単価の設定と同様に，支配人とエリアマネジャーとの話し合いにより決められます。また，

月次開催のエリア別会議では，支配人がエリアマネジャーと店舗ごとの業績や
問題を共有，議論し，四半期開催の全国支配人会議では，支配人の業績評価が
行われます。

　イールド・マネジメントの観点からは，繁忙期の収益向上を図るためにロイ
ヤルティ・プログラム利用者の割合を低下させるという選択肢もありえます
が，A社では，売上高よりも売上高営業利益率や稼働率，売上原価率を重視す
ることで，業績向上を目指しています（**図表Ⅲ-8**）。

[図表Ⅲ-8]　A社店舗の損益計算書と稼働率

売上高	A		1,000
売上原価	$B = a + \cdots + f$		600
材料費（食費）		a	100
人件費		b	400
修繕費		c	20
水道光熱費		d	30
リネン費		e	45
その他		f	5
売上総利益	$C = A - B$		400
販売費	$D = g + h$		250
賃料		g	200
負担金		h	50
営業利益	$E = C - D$		150
稼働率（％）	$F = \{x/(y-z)\} \times 100$		86.73
売上計上客室数		x	85
全客室数		y	100
利用不可客室数		z	2

【出所】　小林他（2018）122頁より一部修正。

　次に，プロフィット・センター（➡ **Q&A 7**）である各店舗では貸借対照表と
損益計算書を作成しますが，その際，負担金と呼ばれる本社費を，地域の実情
に応じて調整した上で各店舗へ配賦しています。地域格差のある不動産賃料が
各店舗の損益計算書に計上されることで，支配人にとっての管理不能費が営業
利益に過大な影響をおよぼすことを防ぎ，店舗間の業績（営業利益）の比較可

能性を高めることを意図しています。

　続いて，業績評価に基づく報酬制度は，正社員のみでなく非正社員も対象とし，各店舗の業績に応じて報酬が支払われます。具体的には，稼働率や会員獲得数などの各KPIについて目標を達成すると，店舗単位で金銭や旅行などの報酬が支給されるもので，各店舗に対する目標達成に向けたインセンティブとなっています。

【参考文献】

○青木章通（2008）「サービス産業におけるイールド・マネジメントと顧客価値管理との関係」『原価計算研究』第32巻第 1 号，75-84頁。
○小林寛幸・森浩気・吉田栄介・桝谷奎太（2018）「宿泊業における利益マネジメント：ビジネスホテルチェーンのケースより」『企業会計』第70巻第 6 号，118-124頁。

Q31　KPIマネジメントの留意点

KPIマネジメントには，どのような留意点がありますか？

A

　KPIマネジメントの留意点について，よくある質問を取り上げ，KPI目標設定ステップとKPI運用ステップとに分けて説明しましょう。

　まず，KPI目標設定ステップにおける留意点です。

　第1に，KPIマネジメントの管理単位とKPI目標の対象項目は適切でしょうか。管理単位は，事業，顧客，地域，プロジェクト，案件など，自社の事業構造や経営管理目的に適合的なマネジメント単位で管理する必要があります。そのために，設定した管理単位には，必ず，KPI目標の管理・実施責任者を置く必要があります。

　また，設定するKPI目標は，財務目標については，売上高や利益額だけでなく，ROE（Return on Equity）やROA（Return on Assets）などの比率指標の採用も検討しましょう。非財務目標については，BSC（➡ **第5章**）における「顧客の視点」を偏重する企業も見られますが，全部門・関係者の意欲を高めることができ，KPI間の関係性も十分に検討されたKPI目標の設定が求められます。さらには，財務・非財務指標を組み合わせて，企業目標と部門・個人目標の整合性を図る指標を設定することが重要になります。

　第2に，予備費を計上すべきでしょうか。KPIマネジメントを予算管理と統合すれば，自然と予備費についても話題に上ります。不要な予算スラックの混入や予算ゲーミングを回避したり，予算策定時の前提条件からの状況変化に対応したり，現場裁量権によるモチベーションの向上効果などを考えると，予備

費の計上は十分に検討に値する施策です。つまり，予算管理責任者へ一定金額の予算執行権を権限委譲することで，円滑な業務遂行を促す施策と言えます。

　第3に，各部門へのKPI目標の伝達をきちんと実施しているでしょうか。KPI目標の伝達は丁寧に行う必要があります。決定したKPI目標に対して，KPI目標の管理責任者は合意し，責任を負うことになります。会社の方針，部門への期待，他部門との調整過程などを説明し，KPI目標への納得を得られなければ，目標は絵に描いた餅に終わってしまいます。

　次に，KPI運用ステップにおける留意点です。

　KPI目標は修正されるべきでしょうか。実際に，KPIマネジメントを予算管理している企業であれば，期中に何らかの予算修正を実施する企業は少なくありません。その場合，KPIマネジメントを計画・調整目的で利用しているのであれば，KPI目標が業務指針として機能する限りは，修正は必要ないかもしれません。しかし，業績評価などの統制目的のために利用しているのであれば，評価基準として適切でないと判断されれば，必要に応じて修正も必要になります。

　さらに，KPIマネジメントが機能するためには，マネジャーや組織メンバーの納得感を高めることも重要です。そのための取り組みとして，予算管理における参加型予算管理（participative budgeting）や目標整合性（目標の一致：goal congruence）を高める重要性が指摘されてきました。これらの知見は，KPIマネジメントにも当てはまります。

　まずは，参加型KPIマネジメントの取り組みです。KPI目標設定プロセスへの参加を通じて，マネジャーや組織メンバーにとって納得感のある目標設定を可能にすることが期待されます。

　加えて，目標設定だけでなく，評価の際にも納得感の得られる目標と実績との差異分析の方法を整備・実施する必要があります。KPI目標設定時と評価時点では前提条件が変化してしまうことはよくあります。KPI目標設定時に，設

定の前提条件（為替，販売量など）を定めておき，前提条件以外の影響（天災，競争環境の変動など）についても評価時点で考慮することなど，事前に評価ルールを定めておくことが重要です。そうすることで，KPI目標の受け入れ，やりがい，組織内のコミュニケーションの円滑化などが図れます。

　他にも，参加型KPIマネジメントの必要条件として，形式的に意見収集するだけではないKPI目標設定プロセスへの真の参加，KPI目標設定時の発言の実現性を高め，やりがいのある職場環境を整備することなどが挙げられます。

　次に，目標整合性を高めることです。目標整合性とは，全社的目標（戦略，利益計画）と個人の価値観・目標との一致を指します。誤解してはいけないのが，「会社のため」，「仕事だから」ちゃんと働いてくれというのは，目標の一致を図っていることにはなりません。会社の目標と個人の目的とは異なることを前提に，個人の関心・努力の方向性（ベクトル）を会社の目標に合わせるように，様々な工夫を施すことが求められます。

　そのために，KPI目標への納得感を高めることもひとつの方策ですし，職場環境を改善し，人事制度を整備し，報酬制度や目標管理制度などとKPIマネジメントとの関連をどのように設計・運用するのかが重要になります。

　つまり，KPIマネジメント以外の経営管理の仕組み全体の整合性を図ることで，高い目標整合性を目指すことができます。また，経営管理の仕組みに加えて，経営理念・哲学を組織に浸透させることで，組織の一体感を醸成したり，部分最適ではない全体最適な行動を導いたりすることも知られています。

【参考文献】
○小林健吾（1996）『体系　予算管理』東京経済情報出版。
○小林啓孝・伊藤嘉博・清水孝・長谷川惠一（2017）『スタンダード管理会計＜第2版＞』東洋経済新報社。
○櫻井通晴（2019）『管理会計＜第7版＞』同文舘出版。

Q32　業績評価の実態──財務・非財務目標

　日本企業では，実際に事業業績をどのように評価しているのでしょうか？

A

　筆者の研究グループが，事業業績の評価実態について財務目標（予算）と非財務目標とに分けて，2014年11月に東証一部上場全社を対象（有効回答数・率：308社・16.9％）に実施した調査結果を報告します（吉田他，2015）（**図表Ⅲ-9**）。

[図表Ⅲ-9]　財務目標（予算）に基づく業績評価方法

質　問　項　目	有効回答	平均値	標準偏差
（1）　事前に設定された予算目標と実績を比較し評価する	269	4.23	1.48
（2）　事業部門長がコントロール可能な予算と実績の差異に基づき評価する	267	4.18	1.35
（3）　事前に決められたルールに従い，状況変化に応じて予算目標の調整が行われる場合もある	271	4.21	1.39
（4）　状況変化や事業部門長の説明に基づき，評価者が予算目標の達成度を主観的に評価する	269	3.89	1.41

【出所】　吉田他（2015）71頁。

　まず，事業部門長の業績評価にどのように財務目標（予算）を利用しているのかを7点尺度（「1　全くそうではない」から「7　全くそのとおり」）で調査した結果，「（1）事前に設定された予算目標と実績を比較し評価する」の得点は4.23，「（2）事業部門長がコントロール可能な予算と実績の差異に基づき評価する」は4.18，「（3）事前に決められたルールに従い，状況変化に応じて予算目標の調整が行われる場合もある」は4.21，「（4）状況変化や事業部門長の説明に基づき，評価者が予算目標の達成度を主観的に評価する」は3.89でした。

　質問項目間の比較では，質問（4）が他の3項目よりも低得点の傾向が示唆

されました（有意水準10％，（3）との間のみ同5％）。

　この調査では，業績評価の主観性と客観性に注目しています。質問（1）から（3）が客観的業績評価（（1）厳格な事前目標，（2）統制可能範囲での責任設定，（3）事後的目標修正）），質問（4）が主観的業績評価です。

　事前に設定した目標を基準にする客観的業績評価に対して，主観的業績評価は，管理不能要因や状況変化をより考慮し，短期業績に反映されにくい組織貢献を評価するなど，柔軟性のある業績評価方法であると言われています（Merchant and Van der Stede, 2012）。

　日本企業においては，伝統的に方針管理や人事評価で主観的業績評価が行われ，TQM（Total Quality Management）などの品質管理活動や，従業員の内発的動機づけを支援してきたとされます（梶原，2004）。

　調査結果を見ると，主観的業績評価がある程度普及していることと，客観的業績評価のほうが多用されていることが分かります。

　加えて，得点分布には拡がりがあり，企業ごとに多様な取り組みがあることが推察されます。

● 日本企業の財務目標（予算）に基づく事業業績評価方法の特徴 ●
- ・主観的評価よりも客観的評価を多用
- ・主観的評価も，ある程度普及
- ・得点分布には拡がり ⟶ 企業ごとに多様な取り組み

[図表Ⅲ-10]　財務目標（予算）以外の業績評価方法

質　問　項　目	有効回答	平均値	標準偏差
（1）　予算以外の定量的な非財務目標の達成度も，事前に決められたルールに従い，客観的に評価する	300	4.46	1.43
（2）　予算以外の定量的な非財務目標の達成度も，状況変化や事業部門長の説明に基づき，評価者が主観的に評価する	300	4.11	1.33
（3）　予算以外の定性的な非財務目標の達成度も評価の対象とする	301	4.86	1.28
（4）　業績以外の人事評価（能力，職務評価）も評価の対象とする	301	4.90	1.33

【出所】　吉田他（2015）72頁。

　次に，事業部門長の業績評価に財務目標（予算）以外のどのような方法を利用しているのかを，7点尺度（「1　全くそうではない」から「7　全くそのとおり」）で調査した結果，「（1）予算以外の定量的な非財務目標の達成度も，事前に決められたルールに従い，客観的に評価する」の得点は4.46，「（2）予算以外の定量的な非財務目標の達成度も，状況変化や事業部門長の説明に基づき，評価者が主観的に評価する」は4.11，「（3）予算以外の定性的な非財務目標の達成度も評価の対象とする」は4.86，「（4）業績以外の人事評価（能力，職務評価）も評価の対象とする」は4.90でした（**図表Ⅲ-10**）。

　質問項目間の比較では，質問（1）（2）は質問（3）（4）よりも低得点の傾向があり（有意水準0.1％），質問（2）が（1）よりも低得点の傾向（同1％）も，統計的に確認されました。

　この調査の目的は，業績評価が必ずしも財務目標（予算）に基づいてのみ実施されるとは限らないため，財務目標（予算）以外の業績評価方法（非財務目標に基づく業績評価と人事評価方法）についても実態を明らかにすることでした。

　具体的な質問項目は，本Q&Aの事業部門長の業績評価への財務目標（予算）利用の質問項目を参考にし，（1）定量・非財務目標の客観的（公式）アプローチ，（2）定量・非財務目標の主観的アプローチ，（3）定性・非財務目標の主

観的アプローチ，（4）業績ではなく人事評価の主観的アプローチの4問を，独自に設問しました。

　調査結果を見ると，質問（2）のタイプの主観的業績評価は比較的利用されない傾向が示されましたが，質問（3）（4）のタイプ，つまり，定性・非財務目標や人事評価による主観的評価は多用されている傾向が確認されました。

● 日本企業の財務目標（予算）以外の事業業績評価方法の特徴 ●
・質問（2）のタイプの主観的業績評価は比較的利用されていない。
・質問（3）（4）のタイプ（定性・非財務目標や人事評価による主観的評価）を多用。

【参考文献】

○Merchant, K. A. and Van der Stede, W. A. (2012) *Management Control Systems : Performance measurement, evaluation and incentives 3ʳᵈed.*, Prentice-Hall, London.
○梶原武久（2004）「日本企業における主観的業績評価の役割と特質」『管理会計学』第13巻第1・2号，83-94頁。
○吉田栄介・徐智銘・桝谷奎太（2015）「わが国大企業における業績管理の実態調査」『産業経理』第75巻第2号，68-78頁。

Column・5　コーポレートガバナンス・コードと
　　　　　　KPIマネジメント

　2015年6月，日本企業の国際競争力を高めるため，コーポレートガバナンス・コードが施行されました。コーポレートガバナンス・コードとは，上場企業が中長期的な企業価値を高めるために取り組むべき行動規範を示した企業統治指針です。それ以前には，中期経営計画で示したKPIの目標達成率は低いこと（東証一部上場企業の1割から2割以下）が問題視されてきました。

　コーポレートガバナンス・コード施行後は，中期経営計画の目標が努力目標から公約に変化するとともに，中期経営計画が目標未達に終わった場合には，その原因を十分に分析し，対応策を株主に説明することが求められるようになっており，財務KPIの達成率も向上しています（➡ Q&A17）。

　2014年8月には，経済産業省プロジェクトの最終報告書である通称「伊藤レポート」において，ROEの目標水準8％が掲げられたこともあり，KPIとしてROEを掲げる企業も増えています（➡ Q&A 4，11，17）。

　2018年6月のコーポレートガバナンス・コードの改訂においては，KPIマネジメント関連では，経営戦略や経営計画の策定・公表にあたって，自社の資本コストを的確に把握することが求められるようになりました。そのため，今後は，資本コストに関わるKPI設定も増えそうです（➡ Q&A 11，14，27）。

　また，以前から株主に対する説明を求められていた「経営資源の配分等」の中に，事業ポートフォリオの見直し，設備投資・研究開発投資・人材投資等が含まれることが明確化されたため，事業ポートフォリオやこれらの投資に関するKPI設定も増えることが予想されます。

　2021年6月の2回目の改訂においては，KPIマネジメント関連では，管理職における多様性（女性，外国人，中途採用者の登用）の確保についての

考え方と自主的で測定可能な目標を設定することや，プライム市場上場企業は，サステナビリティについての取り組みとしてTCFD（気候関連財務情報開示タスクフォース）またはそれと同等の国際的枠組みに基づく開示の質と量を充実させることが求められているため，これらに関するKPI設定も重要になってきます。

索　引

146 索　引

≪著者紹介≫

吉田　栄介（よしだ　えいすけ）

慶應義塾大学商学部教授

1968年　大阪府出身。
2000年　神戸大学大学院経営学研究科修了，博士（経営学）。
2017年から2018年　公認会計士試験委員，日本原価計算研究学会『経営会計レビュー』創刊編集長，実践経営会計塾主宰。

主要業績は，『持続的競争優位をもたらす原価企画能力』中央経済社（日本会計研究学会太田・黒澤賞，日本原価計算研究学会賞），『日本的管理会計の探究』中央経済社，『日本的管理会計の深層』中央経済社，『花王の経理パーソンになる』中央経済社，『実践Q&A コストダウンのはなし』中央経済社，『実践経営会計』中央経済社など，受賞歴，著書・論文多数。

実践Q&A KPIマネジメントのはなし

2021年12月10日　第1版第1刷発行

著者　吉　田　栄　介
発行者　山　本　　　継
発行所　㈱中央経済社
発売元　㈱中央経済グループ
　　　　パブリッシング

〒101-0051　東京都千代田区神田神保町1-31-2
電話　03 (3293) 3371 (編集代表)
　　　03 (3293) 3381 (営業代表)
https://www.chuokeizai.co.jp
印刷／昭和情報プロセス㈱
製本／侑井上製本所

©2021
Printed in Japan

＊頁の「欠落」や「順序違い」などがありましたらお取り替えいたしますので発売元までご送付ください。（送料小社負担）

ISBN978-4-502-41031-4　C3034

おすすめします

花王の経理パーソンになる

慶應義塾大学 吉田栄介
花王株式会社 会計財務部門 〔編著〕

創業130年を超える老舗企業であり、持続的成長を続ける花王。「花王の経理」が大切にしている価値観と管理会計の実践が明らかになる。
入社から6年間のストーリー仕立ての構成で、誰が、いつ、どこで、何を学ぶのかというキャリアパスを念頭に、花王の会社経理の全体的取り組みを紹介。（A5判・160頁）

序　章＝入社から研修期間前半
第1章＝研修期間後半
第2章＝工場経理
第3章＝本社管理部管理会計グループ
第4章＝本社財務部
第5章＝経理企画部

中央経済社